MANUEL WEYER

süß GRILLEN

FOTOGRAFIE
MATHIAS NEUBAUER

SYMBOLGUIDE

- Zubereitungszeit
- Ruhezeit
- Kühlzeit
- Gefrierzeit
- Grillzeit

INHALT

VORWORT 5

DIE BASICS 6

PIMP YOUR KLASSIKER 8

NASCHEREIEN VOM GRILL 30

RAFFINIERTE LECKEREIEN 48

GEGRILLTE ÜBERRASCHUNGEN 66

FÜR DIE VIELEN LIEBEN 86

PERFEKTE BEGLEITER 106

REGISTER 118

culinary art

LIEBE GRILLFANS,

ja, ihr habt richtig gesehen und gelesen: süß grillen! Ein ganzes Buch mit rund 40 wunderbaren süßen Köstlichkeiten vom Grill, dazu süße Saucen und Dips zum Reinlegen! Der Trend ist ungebrochen, es wird nicht nur 365 Tage im Jahr gegrillt, sondern auch immer mehr und immer lieber Süßes. Da freuen sich große und kleine Naschkatzen!

Die Rezepte sind einerseits wunderbare Desserts, wenn nach den herzhaften Gerichten vom Grill die Lust auf einen süßen Abschluss groß ist. Sie stehen aber auch ganz für sich und können ein Mittagessen, einen Kaffeeklatsch oder Geburtstagsnachmittag zu einem besonderen Event machen.

Ob ihr romantisch zu zweit grillt, mit der Familie, mit den besten Freunden oder in einer großen Runde – wählt doch gleich ein paar Rezepte aus für das nächste Beisammensein: Wie wäre es mit „Strudelteig-Bonbons“ oder „Grießschnitten mit heißer Himbeer-Liebe“, den „Chocolate Corn Dogs“ oder den „Blätterteigrippchen mit Fenchel und Honig“?

Diese gegrillten Leckereien passen einfach zu jeder Gelegenheit, und wer schon mal eine „Limoncello-Tarte mit Vanillebaiser“, „Baby-Ananas im Schlafrock“ oder eine „Crème brulée mit Grapefruitsalat“ gegrillt und genossen hat, der überlegt zu Recht, ob er nicht dieses Mal mit dem Dessert anfangen will.

Ich wünsche euch viel Freude und Genuss beim süßen Grillen!

Euer

GEWUSST WIE – KNOW-HOW FÜRS SÜSSE GRILLEN

NÜTZLICHES ZUBEHÖR

Auch beim Grillen von süßen Leckereien gilt es, kreativ und einfallsreich zu sein, zu improvisieren und sich etwas zu trauen. Mit guten Rezepten an der Hand sind auch hier dem Ideenreichtum kaum Grenzen gesetzt. Die meisten Rezepte lassen sich variieren, bei manchen, etwa Kuchen und Gebäck, empfehle ich jedoch, dass ihr euch an die Zutatenmengen und Grillzeiten haltet – das ist ein bisschen wie beim Backen im Ofen. Und die Gefäße und Geräte müssen natürlich für den Grill geeignet sein. Bei mir ist folgendes Zubehör im Einsatz:

GRILL-KOCHGESCHIRR

Die meisten Grill-Hersteller bieten auch allerlei nützliches Zubehör an. Es muss natürlich hohe Temperaturen aushalten und besteht aus Metall, Gusseisen oder anderen hitzebeständigen Materialien. Das Grill-Kochgeschirr ist unverzichtbar zum Schmelzen von Butter und Schokolade, Erhitzen von Sahne, Einkochen von Früchten und Saucen und vielem mehr. Natürlich könnt ihr auch auf schon vorhandene hitzebeständige Töpfe (rein aus Metall) zurückgreifen.

AUFLAUF-, BACK- ODER KUCHENFORMEN

Grundsätzlich gilt beim süßen Grillen: Erlaubt ist, was die Köstlichkeiten in Form bringt. Ihr könnt fast jedes Küchenzubehör, das für die hohe Hitze im Backofen geeignet ist, auch auf dem Grill einsetzen. Das eröffnet beim Grillen einen ganz neuen Facettenreichtum.

PIZZASTEIN ODER GUSSEISERNE GRILLPLATTE

Die Anschaffung einer dieser Allrounder empfehle ich euch dringend, beide sind vielseitig einsetzbar. Wenn ihr euch einen Pizzastein oder eine gusseiserne Grillplatte zulegt, so wählt diese unbedingt nach der Größe des Grills aus: Rundherum muss ausreichend Platz sein, damit die von unten über die Innenseite des Deckels strömende Hitze als eine Art Oberhitze funktionieren kann.

GEWÄSSERTE HOLZSPIESSE & BACKPAPIER

Das Einweichen von Holzspießen (etwa 30 Minuten) sowie das Wässern von Backpapier ist sehr wichtig, damit diese beim Grillen nicht so leicht verbrennen.

GRILLZANGE & GRILLPALETTE

Verwendet unbedingt Grillzangen und -paletten, die der Größe des Grills entsprechen, damit ihr mit dem richtigen Abstand zur Hitzequelle das Grillgut von der direkten zur indirekten Hitze transportieren oder wenden könnt, ohne euch zu verbrennen. Grill-Kochgeschirr lässt sich auch mithilfe der Zange bewegen.

GRILLHANDSCHUHE

Benutzt am besten nur spezielle Grillhandschuhe, die hitzebeständig sind, normale Topflappen sind in der Regel nicht geeignet. Wichtig ist auch, dass die Handschuhe gut sitzen, damit ihr möglichst viel Gefühl darin habt.

GRILLBÜRSTE

Ich empfehle zum Säubern des Grillrostes eine Grillbürste mit langem Stiel. So könnt ihr den Grillrost mit Druck gut reinigen.

Alle Rezepte in diesem Buch werden ohne Verwendung von Alufolie oder Aluschalen gegrillt. Alufolie sollte niemals mit salz- und säurehaltigen Lebensmitteln in Berührung kommen. Falls ihr doch einmal Alufolie nehmen wollt, empfehle ich euch, mit Backpapier beschichtete Folie zu verwenden.

TECHNIK IN KÜRZE

DIREKTE HITZE

Bei der direkten Hitze liegt das Grillgut unmittelbar über der Hitzequelle. Die Hitze kommt direkt von unten und ermöglicht die Krustenbildung. Diese Technik eignet sich besonders gut für schnelles (An-)Grillen bei mittlerer bis hoher Temperatur; außerdem für heißes, kurzes Grillen von Lebensmitteln mit fester Struktur, beispielsweise festem Obst am Spieß oder Eis mit Baiserhaube.

INDIREKTE HITZE

Die indirekte Hitze ist eine Art Abstrahlhitze. Das Grillgut liegt nicht direkt über der Hitzequelle. Diese kann jedoch direkt von unten kommen, wenn das Grillgut erhöht, beispielsweise auf dem Ablage- bzw. Ruherost, liegt. Ansonsten kommt das Grillgut seitlich versetzt auf den Grillrost. Diese Technik ist ideal für lange Grillzeiten. Oder fürs Grillen mit niedriger bis hoher Temperatur. Ich nutze indirekte Hitze vor allem für Kuchen, Tartes und Törtchen, Muffins oder Aufläufe.

Bei den meisten meiner süßen Grillgerichte empfehle ich einen Mix aus direkter und indirekter Hitze. Ihr findet dazu genaue Angaben bei allen Rezepten.

KREATIV

PIMP

your Klassiker

GERMKNÖDEL VOM GRILL MIT PFLAUMENKOMPOTT

4 PORT. | 35 MIN. | 35 MIN.

ZUTATEN:

Für die Germknödel:

- 50 g Butter
- 200 ml lauwarme Milch
- 1 Würfel Hefe (42 g)
- 200 g Zucker
- 400 g Mehl
- abgeriebene Schale von 1 Bio-Zitrone
- Mark von 1 Vanilleschote
- 2 Eigelb
- Mehl für die Arbeitsfläche

Für die Mohnbutter:

- 100 g Mohn
- 50 g Butter
- 4 EL Puderzucker

Für das Kompott:

- 400 g Pflaumen
- 4 EL brauner Zucker
- 2 EL Rum (am besten Stroh-Rum)
- Saft von 2 Bio-Zitronen
- 1 Msp. Zimtpulver

Außerdem:

- Puderzucker zum Bestäuben

ZUBEREITUNG:

1. Den Grill (mit Deckel, etwa 160 °C) für niedrige direkte Hitze vorbereiten.

2. Für die Germknödel die Butter in ein Grill-Kochgeschirr geben und am Rand des Grills schmelzen. Die Milch in eine große Schüssel geben. Die zerkrümelte Hefe und den Zucker dazugeben und rühren, bis sich die Hefe vollständig aufgelöst hat. Das Mehl sieben. Das Mehl, die Zitronenschale und das Vanillemark zur Hefemilch geben und alle Zutaten zu einem festen Teig kneten. Zugedeckt am Rand des Grills 20 bis 25 Minuten gehen lassen.

3. Inzwischen für die Mohnbutter den Mohn in ein Grill-Kochgeschirr geben und bei direkter Hitze offen rösten. Die Butter und den Puderzucker dazugeben und rühren, bis die Butter geschmolzen ist und der Zucker sich aufgelöst hat.

4. Für das Kompott die Pflaumen waschen, halbieren, entsteinen und in grobe Würfel schneiden. Pflaumen, Zucker, Rum, Zitronensaft und Zimt in ein Grill-Kochgeschirr geben und bei direkter Hitze 10 bis 15 Minuten einkochen.

5. Den Teig mit den Eigelben verkneten und vierteln. Aus jeder Portion auf der bemehlten Arbeitsfläche einen halbrunden Fladen formen. Eine Aluschale mit Wasser befüllen und auf den Grillrost stellen. Einen Pizzastein oder eine gusseiserne Grillplatte 3 bis 4 Minuten vorheizen. Die Teigfladen darauflegen und bei direkter Hitze mit geschlossenem Deckel 15 bis 20 Minuten grillen (durch den entstehenden Wasserdampf gehen die Germknödel schön auf).

6. Germknödel auf Teller setzen, mit Mohnbutter überziehen und mit Puderzucker bestäuben. Kompott daneben anrichten.

ROTE-GRÜTZE-MUFFINS MIT FLÜSSIGEM KERN

6–8 STK. | 20 MIN. | 25 MIN.

ZUTATEN:

Für die Füllung:

- **150 ml Waldbeerensaft**
- **3 EL Ahornsirup**
- **1 Msp. gemahlener Kardamom**
- **1 Msp. Zimtpulver**
- **100 g tiefgekühlte gemischte Waldbeeren**
- **1 EL Speisestärke**
- **2 EL Rum**

Für den Teig:

- **100 g Butter**
- **150 g Vollmilchschokolade**
- **175 g Mehl**
- **1 ½ TL Backpulver**
- **2 EL Kakaopulver**
- **2 Eier**
- **50 g brauner Zucker**

Außerdem:

- **6–8 Papierförmchen für das Muffinblech**

ZUBEREITUNG:

1. Den Grill (mit Deckel, 180 °C) für mittlere direkte/indirekte Hitze vorbereiten.

2. Für die Füllung den Waldbeerensaft, den Ahornsirup und die gemahlenen Gewürze in ein Grill-Kochgeschirr geben und bei direkter Hitze mit geschlossenem Deckel aufkochen. Die tiefgekühlten Beeren dazugeben und erneut aufkochen. Die Speisestärke mit dem Rum glatt rühren, hinzufügen und die Mischung damit binden. Vom Grill nehmen und beiseitestellen.

3. Für den Teig die Butter in ein Grill-Kochgeschirr geben und bei direkter Hitze offen schmelzen. Die Schokolade hacken, unter Rühren in der Sahne schmelzen und die Mischung beiseitestellen. Das Mehl, das Backpulver und das Kakaopulver in eine Schüssel sieben. Die Eier mit dem Zucker in einer Schüssel mehrere Minuten dickschaumig aufschlagen. Die Mehlmischung und die Schokoladenbutter zu den Eiern geben und alle Zutaten rasch zu einem halbfesten Teig verrühren.

4. Sechs bis acht Mulden eines Muffinblechs (à etwa 8 cm Durchmesser) mit Papierförmchen auslegen und etwa ein Drittel hoch mit Teig befüllen. Je 1 EL Beerenfüllung daraufsetzen und den übrigen Teig darauf verteilen. Die Muffins bei indirekter Hitze mit geschlossenem Deckel 20 bis 25 Minuten grillen. Vom Grill nehmen, kurz abkühlen lassen und aus den Mulden lösen. Die übrige Beerenmischung extra dazu reichen.

TIPP:

Beim Befüllen der Förmchen müsst ihr darauf achten, dass mindestens 1 cm bis zum oberen Rand frei bleibt – die Muffins gehen beim Grillen auf und der Teig würde dann über den Formrand hinauslaufen.

MANUS VANILLESCHMARREN MIT ERDBEERRÖSTER

4 PORT. | 15 MIN. | 25 MIN.

ZUTATEN:

Für den Schmarren:

- 3 Eier
- 150 g Zucker
- abgeriebene Schale und Saft von 1 Bio-Zitrone
- Mark von 1 Vanilleschote
- 100 ml Milch
- 75 g Mehl
- 1 EL Speisestärke
- 2 EL Butter
- 2 EL Likör mit Vanille (z.B. Licor 43)
- Puderzucker zum Bestäuben

Für den Röster:

- 500 g Erdbeeren
- 4 EL Honig
- Zesten und Saft von 1 Bio-Limette

Für den Vanillezucker:

- 2 EL Zucker
- Mark von ½ Vanilleschote

ZUBEREITUNG:

1. Den Grill (mit Deckel, etwa 180 °C) für mittlere direkte/indirekte Hitze vorbereiten.

2. Für den Schmarren die Eier trennen. Die Eigelbe mit 75 g Zucker mehrere Minuten dickschaumig aufschlagen. Die Eiweiße mit Zitronenschale und -saft sowie Vanillemark und dem restlichen Zucker ebenso dickschaumig aufschlagen. Die Milch mit dem Mehl und der Speisestärke verrühren und durch ein Sieb gießen. Die Eigelbmischung und die Eiweißmischung behutsam unterheben.

3. In eine gusseiserne Grillpfanne oder ein Grill-Kochgeschirr 1 EL Butter geben und bei direkter Hitze offen schmelzen. Den Teig hineinlaufen lassen und mit geschlossenem Deckel 4 bis 5 Minuten angrillen. Danach zur indirekten Hitze wechseln und den Teig 15 bis 18 Minuten weitergrillen.

4. Inzwischen für den Röster die Erdbeeren putzen, waschen und je nach Größe halbieren. Mit dem Honig, den Limettenzesten und dem -saft in ein Grill-Kochgeschirr geben und bei direkter Hitze mit geschlossenem Deckel 8 bis 10 Minuten leicht einkochen.

5. Für den Vanillezucker den Zucker und das Vanillemark in einem Mörser gründlich vermahlen.

6. Den aufgegangenen Teig grob zerreißen, die übrige Butter dazugeben, mit dem Vanillezucker bestreuen und bei direkter Hitze leicht karamellisieren. Mit Vanillelikör beträufeln und mit Puderzucker bestäubt servieren. Den Erdbeerröster extra dazu reichen.

GEGRILLTE ANANAS MIT DULCE-DE-LECHE-KARAMELL

4 PORT. | 10 MIN. | 70 MIN.

ZUTATEN:

Für den Karamell:

- 1 Dose gesüßte Kondensmilch (400 g)

Für die Ananas:

- 1 Ananas
- 2 EL Honig
- abgeriebene Schale und Saft von 2 Bio-Limetten

Außerdem:

- Öl für den Grillrost
- Kokosnusseis (aus dem Tiefkühlregal)
- 4 EL Kokoschips

ZUBEREITUNG:

1. Den Grill (mit Deckel, etwa 250 °C) für hohe indirekte Hitze vorbereiten.

2. Für den Karamell die Dose mit der Kondensmilch vom Papier befreien, in ein Grill-Kochgeschirr stellen und fast vollständig mit Wasser bedecken. Auf dem Grill bei indirekter Hitze etwa 1 Stunde köcheln lassen. Danach vom Grill nehmen, kurz abkühlen lassen und die Dose vorsichtig öffnen.

3. Für die Ananas die Ananas schälen und aus der Mitte 4 fingerdicke Scheiben herausschneiden, den Strunk nicht entfernen. Den Honig mit der Limettenschale und dem -saft verrühren und die Ananasscheiben damit bestreichen. Übrige Marinade beiseitestellen.

4. Den Grillrost mit Öl einfetten und die Ananasscheiben bei direkter Hitze auf beiden Seiten grillen, bis sich ein Muster abzeichnet.

5. Zum Servieren die Ananasscheiben nebeneinander auf eine Platte geben und die übrige Marinade darüber verteilen. Je 1 Kugel Kokosnusseis daraufsetzen und mit je 1 EL Kokoschips bestreuen. Den Dulce-de-leche-Karamell dazu reichen.

TIPP:

Sollte die Kondensmilch nach 1 Stunde noch nicht vollständig karamellisiert sein, könnt ihr sie in ein Grill-Kochgeschirr umfüllen und bei direkter Hitze sämig einkochen. Sie wird dann zwar nicht mehr braun karamellisieren, schmeckt aber dennoch hervorragend.

GEGRILLTE BROWNIE-POPS

ca. 16 STK. | 15 MIN. | 45 MIN.

ZUTATEN:

Für die Brownies:
- 250 g Butter
- 250 g Bitterschokolade (ca. 60 % Kakaoanteil)
- 6 Eier
- 350 g brauner Zucker
- 75 g Kakaopulver
- 100 g Mehl
- 1 TL Backpulver
- abgeriebene Schale von 2 Bio-Orangen

Für das Baiser:
- 3 Eiweiß
- 75 g Puderzucker
- 1 Msp. Zimtpulver

Außerdem:
- ca. 16 gewässerte Holzspieße
- brauner Zucker zum Servieren
- Kakaopulver zum Bestäuben

ZUBEREITUNG:

1. Den Grill (mit Deckel, 160 bis 180 °C) für niedrige bis mittlere indirekte Hitze vorbereiten.

2. Für die Brownies die Butter in einem Grill-Kochgeschirr oder in einer Auflaufform schmelzen. Schokolade in Stücke schneiden und unter Rühren in der Butter schmelzen. Eier mit Zucker in einer Schüssel mehrere Minuten dickschaumig aufschlagen. Kakaopulver mit Mehl und Backpulver in eine Schüssel sieben. Schokoladenbutter, Eiermischung und Orangenschale hinzufügen, alles zu einem glatten Teig verrühren.

3. Eine rechteckige Grill- oder Backform mit Backpapier auslegen. Den Teig 3 bis 4 cm hoch einfüllen und bei indirekter Hitze mit geschlossenem Deckel 35 bis 40 Minuten grillen.

4. Inzwischen für das Baiser die Eiweiße mit dem Zucker und dem Zimt mehrere Minuten steif aufschlagen.

5. Den Grill (mit Deckel, 220 bis 250 °C) für hohe indirekte Hitze vorbereiten. Den fertigen Browniekuchen leicht auskühlen lassen und in etwa 16 Würfel schneiden. Jeden Würfel auf einen Holzspieß stecken. Baiser entweder mit einem Esslöffel oder mit dem Spritzbeutel auf die Würfel verteilen.

6. Die Spieße vorsichtig zwischen die Roste bei der indirekten Hitze stecken, sodass die Brownie-Pops über der direkten Hitze platziert sind. Mit geschlossenem Deckel grillen, bis die Baiserhauben schön gebräunt sind. Zum Servieren in ein Glas mit Zucker stellen und mit Kakaopulver bestäuben.

TIPP:

Das Backpapier vor dem Auslegen der Form wässern, damit es nicht so leicht verbrennt. Und die Spieße am besten nach dem Aufspritzen des Baisers in ein Gefäß mit grobem Salz stellen, dann könnt ihr sie problemlos einzeln auf den Grill bringen.

FRUCHTIGE MINI-BURGER MIT SCHOKOBUNS

6–8 PORT. | 20 MIN. | 20 MIN. | 15 MIN.

ZUTATEN:

Für die Buns:
- 400 g Mehl
- 4 TL Backpulver
- 4 EL Kakaopulver
- 150 g Zucker
- 4 EL Ahornsirup
- Mehl zum Bestäuben

Für den Belag:
- 1 Kiwi
- ½ Mango
- 1 Handvoll Himbeeren und Heidelbeeren
- 2 Stiele Minze

Außerdem:
- 1 Rezept süßes Pesto verde (siehe S. 109)
- 1 Rezept Granatapfel-Quarkcreme (siehe S. 112)
- Kakaopulver zum Bestäuben

ZUBEREITUNG:

1. Den Grill (mit Deckel, 180 bis 200 °C) für mittlere bis hohe indirekte Hitze vorbereiten.

2. Für die Buns das Mehl, das Backpulver und das Kakaopulver in eine Schüssel sieben. Zucker mit ¼ l Wasser in einen Topf geben und unter Rühren vollständig auflösen. Den Ahornsirup einrühren. Die Mehlmischung und den Zuckersirup zu einem halbfesten Teig kneten und daraus 6 bis 8 mittelgroße Buns formen. Diese mit einem Küchentuch abgedeckt etwa 20 Minuten ruhen lassen.

3. Einen Pizzastein oder eine gusseiserne Grillplatte 3 bis 4 Minuten vorheizen und mit etwas Mehl bestäuben. Die Buns mit etwas Abstand zueinander auf dem Pizzastein oder der Grillplatte verteilen und bei indirekter Hitze mit geschlossenem Deckel 12 bis 15 Minuten grillen.

4. Inzwischen für den Belag die Kiwi schälen und in Scheiben schneiden. Die Mango ebenfalls schälen, das Fruchtfleisch auf der flachen Seite vom Stein schneiden und in dünne Scheiben schneiden. Himbeeren und Heidelbeeren verlesen, waschen und trocken tupfen. Die Minze waschen, trocken tupfen und die Blätter abzupfen.

5. Die fertigen Buns in der Mitte durchschneiden. Die Böden mit dem Pesto bestreichen und die oberen Hälften mit der Quarkcreme. Die Früchte dekorativ auf das Pesto schichten, ein paar Minzeblätter dazugeben und den Deckel darauflegen. Die fertigen Mini-Burger mit Kakaopulver bestäuben und eventuell mit einem Zahnstocher fixieren.

ERDBEER-CRUMBLE MIT MARSHMALLOWS

4–6 PORT. | 15 MIN. | 30 MIN.

ZUTATEN:

- 200 g Erdbeeren
- 3 EL Erdbeerkonfitüre
- abgeriebene Schale und Saft von 1 Bio-Limette
- 100 g Mehl
- 80 g Zucker
- 80 g kalte Butter
- 1 Handvoll Marshmallows
- 1 Rolle Mürbeteig (aus dem Kühlregal)
- Butter und Mehl für die Form

ZUBEREITUNG:

1. Den Grill (mit Deckel, 160 bis 180 °C) für niedrige bis mittlere indirekte Hitze vorbereiten.

2. Die Erdbeeren waschen, putzen und halbieren. Mit der Konfitüre und der Limettenschale sowie dem -saft marinieren.

3. Das Mehl, den Zucker und die Butter mit den Fingern zu lockeren Streuseln verarbeiten und kühl stellen. Die Marshmallows halbieren.

4. Den Teig entrollen. Eine Grill- oder Backform (20 bis 24 cm Durchmesser) mit etwas Butter einfetten und mit Mehl ausstreuen. Den Teig so hineinlegen, dass er etwas über den Rand hinausragt. Mit einer Gabel gleichmäßig einstechen. Die Erdbeeren, die Streusel und die Marshmallows locker darauf verteilen. Den Erdbeer-Crumble bei indirekter Hitze mit geschlossenem Deckel 25 bis 30 Minuten grillen.

SÜSSHOLZ-KIRSCHEN MIT WEISSEM SCHOKOLADEN-CRUMBLE

4 PORT. | 20 MIN. | 20 MIN.

ZUTATEN:

Für die Kirschen:

- 1 Stück Süßholz (ca. 2 cm)
- 500 g Herzkirschen
- 2 EL brauner Zucker
- 3 EL Honig
- 150 ml Kirschsaft
- 1 Msp. gemahlener Kardamom

Für den Crumble:

- 150 g Butter
- 50 g weiße Schokolade
- 100 g Mehl
- 50 g gemahlene Mandeln
- ½ TL Backpulver
- 1 TL Speisestärke
- 1 Ei
- 50 g Zucker
- 1 Msp. Zimtpulver

Außerdem:

- Puderzucker zum Bestäuben (nach Belieben)

ZUBEREITUNG:

1. Den Grill (mit Deckel, 200 °C) für mittlere bis hohe direkte/indirekte Hitze vorbereiten.

2. Für die Kirschen das Süßholz fein reiben. Die Kirschen waschen, halbieren und entsteinen. Den Zucker, den Honig, den Kirschsaft, das Süßholz und den Kardamom in eine rechteckige Grill- oder Backform (etwa 25 × 29 cm) geben und bei direkter Hitze mit geschlossenem Deckel auf die Hälfte einkochen.

3. Für den Crumble die Butter in einem Grill-Kochgeschirr bei direkter Hitze schmelzen, die Schokolade dazugeben und unter Rühren schmelzen. Anschließend vom Grill nehmen.

4. Das Mehl sieben. Mit den Mandeln, dem Backpulver, der Speisestärke, dem Ei, dem Zucker, dem Zimt und der Schokoladenbutter zu einem festen Teig kneten. Anschließend mit den Fingern zu festen Teigbröseln formen.

5. Die Kirschen zum eingekochten Sud geben und die Form auf die indirekte Hitze stellen. Die Teigbrösel locker auf den Kirschen verteilen. Das Ganze mit geschlossenem Deckel 15 bis 20 Minuten fertig grillen. Nach Belieben mit Puderzucker bestäubt servieren.

MANGO-KOKOS-EISBOMBE VOM GRILL

6–8 PORT. | 45 MIN. | 3,5 STD. | 6 MIN.

ZUTATEN:

Für das Mangoparfait:

- Fruchtfleisch von 2 reifen Mangos
- 4 Passionsfrüchte
- 4 Eigelb
- 100 g Puderzucker
- 50 g Zucker
- Mark von 1 Vanilleschote
- 400 g Sahne

Für das Kokosparfait:

- ¼ l ungesüßte Kokosmilch
- 100 g Kokosraspel
- 100 g Zucker
- 400 g Sahne

Für das Baiser:

- 3 Eiweiß
- abgeriebene Schale und Saft von 2 Bio-Zitronen
- Mark von 1 Vanilleschote
- 150 g Puderzucker
- 1–2 EL gesiebte Speisestärke

Außerdem:

- 200 g tiefgekühlte Himbeeren
- 1 Rolle Marzipan (aus dem Backregal)

ZUBEREITUNG:

1. Für das Parfait Mangofruchtfleisch zu einem Mus zerdrücken. Passionsfrüchte halbieren und Fruchtmark samt Kernen zum Mus geben. Eigelbe mit Puderzucker, Zucker und Vanillemark über dem heißen Wasserbad bei 82 bis 85 °C (mit dem Küchenthermometer messen) dickschaumig aufschlagen.

2. Schüssel vom Wasserbad nehmen und Masse im kalten Wasserbad kalt schlagen. Sahne halb steif schlagen und unterheben. Eine runde tiefkühlgeeignete Schüssel (etwa 1½ l) mit Frischhaltefolie auslegen. Mangomasse einfüllen, glatt streichen und im Tiefkühlfach 30 bis 35 Minuten anfrieren lassen. Inzwischen für das Kokosparfait 125 ml Kokosmilch mit Kokosraspeln und Zucker aufkochen und vom Herd nehmen. Restliche Kokosmilch unterrühren und die Mischung kurz abkühlen lassen. Sahne halb steif schlagen und unterheben.

3. Eine Lage tiefgekühlte Himbeeren auf die angefrorene Mangoschicht geben. So viel Kokosmasse daraufgeben, dass diese Schicht genauso hoch ist wie die Mangoschicht. Ebenfalls mit Himbeeren belegen und erneut 30 bis 35 Minuten anfrieren lassen. Diesen Vorgang wiederholen, bis die Schüssel gefüllt ist und die Zutaten aufgebraucht sind. Die Eisbombe im Tiefkühlfach 1½ bis 2 Stunden gefrieren.

4. Für das Baiser Eiweiße mit Zitronenschale, -saft und Vanillemark aufschlagen, dabei Puderzucker einrieseln lassen. Kurz bevor das Eiweiß steif ist, Stärke unterheben. Marzipan ausrollen, in der Größe der Schüssel ausschneiden und Parfait damit belegen. Schüssel mit dem Parfait kurz in heißes Wasser tauchen, dann das Parfait stürzen und die Folie abziehen.

5. Grill (mit Deckel, 250 bis 280 °C) für hohe indirekte Hitze vorbereiten. Eisbombe auf ein bis zwei gewässerte Zedernholzbretter setzen, rundum mit dem Baiser bestreichen und 5 bis 6 Minuten grillen, bis das Baiser schön gebräunt ist.

VERLOCKEND

Naschereien vom GRILL

KNUSPRIGE FRÜCHTESPIESSE

16 STK. | 15 MIN. | 8 MIN.

ZUTATEN:

Für die Spieße:

- 1 Baby-Ananas
- 1 Apfel
- 1 Pflaume
- 2 Aprikosen
- 2 EL Zucker
- 2 EL Speisestärke
- 2 EL Mehl
- Mehl zum Wenden der Früchte
- ½ Päckchen Kataifiteig (ca. 200 g; aus dem Kühlregal)

Außerdem:

- 16 gewässerte Holzspieße
- Öl für den Grillrost

ZUBEREITUNG:

1. Den Grill (mit Deckel, 160 bis 180 °C) für niedrige bis mittlere indirekte Hitze vorbereiten.

2. Für die Spieße die Ananas schälen, vierteln und den harten Strunk herausschneiden. Die Viertel in mundgerechte Stücke schneiden. Den Apfel vierteln, schälen, entkernen und ebenfalls in Stücke schneiden. Die Pflaume und die Aprikosen waschen, halbieren, entsteinen und die Hälften noch einmal durchschneiden.

3. Den Zucker, die Speisestärke und das Mehl mit 100 ml Wasser gründlich verrühren. Das Mehl zum Wenden auf einen Teller geben und die Früchte darin wenden. Auf die Holzspieße stecken, in den Teig tauchen und gut abtropfen lassen. Je 1 kleine Portion Kataifiteig fest um jeden Spieß wickeln.

4. Den Grillrost mit Öl einfetten und die Spieße bei indirekter Hitze mit geschlossenem Deckel 6 bis 8 Minuten knusprig grillen. Nach Belieben mit Puderzucker bestäubt servieren.

TIPP:

Da Kataifiteig sehr viel Fett enthält, solltet ihr darauf achten, die Spieße bei indirekter Hitze zu grillen, sonst verbrennen sie sehr schnell.

SÜSSE GRISSINI MIT GRANATAPFEL-QUARKCREME

4 PORT. | 15 MIN. | 25 MIN. | 15 MIN.

ZUTATEN:

Für die Grissini:

- **300 g Mehl**
- **Mark von 1 Vanilleschote**
- **abgeriebene Schale von 1 Bio-Orange**
- **1 Msp. Zimtpulver**
- **20 g frische Hefe**
- **100 g Zucker**
- **Salz**

Außerdem:

- **½ Mango**
- **½ Papaya**
- **½ kleine Baby-Ananas**
- **1 Rezept Granatapfel-Quarkcreme (siehe S. 112)**
- **Mehl für die Arbeitsfläche**

ZUBEREITUNG:

1. Den Grill (mit Deckel, etwa 200 °C) für mittlere bis hohe direkte Hitze vorbereiten.
2. Für die Grissini das Mehl in eine hitzebeständige Schüssel sieben. Das Vanillemark, die Orangenschale und den Zimt dazugeben. Die Hefe zerbröseln und mit dem Zucker in 200 ml lauwarmes Wasser geben. Unter Rühren vollständig darin auflösen. Die Hefemischung zum Mehl geben und alles zu einem halbfesten Teig kneten. Zugedeckt am Rand des Grills 20 bis 25 Minuten zur doppelten Größe aufgehen lassen.
3. Mango schälen und das Fruchtfleisch auf der flachen Seite in schmalen Streifen vom Stein schneiden. Die Papaya ebenfalls schälen, die Kerne entfernen und das Fruchtfleisch in schmale Streifen schneiden. Die Ananas schälen, vierteln, den Strunk entfernen und das Fruchtfleisch in schmale Streifen schneiden. Granatapfel-Quarkcreme nach Rezept zubereiten.
4. Den Teig mit 1 Msp. Salz verkneten und auf der bemehlten Arbeitsfläche etwa 1 cm dick ausrollen. Teigplatte in etwa 20 cm lange schmale Streifen schneiden. Einen Pizzastein oder eine gusseiserne Grillplatte bei direkter Hitze mit geschlossenem Deckel 3 bis 4 Minuten vorheizen. Teigstreifen mit etwas Abstand zueinander auf dem Pizzastein oder der Grillplatte verteilen und mit geschlossenem Deckel 6 bis 8 Minuten grillen.
5. Die Grissini vom Grill nehmen und locker mit den Obststreifen umwickeln. Die Granatapfel-Quarkcreme dazu reichen.

TIPP:

Für eine schokoladige Variante könnt ihr einfach 100 g Mehl durch 120 g Kakaopulver ersetzen. Die Früchte müssen vollreif sein, dann lassen sie sich gut um die Grissini wickeln.

SÜSSKARTOFFEL-POMMES MIT GEWÜRZZUCKER

4 PORT. | 15 MIN. | 12 MIN.

ZUTATEN:

Für den Gewürzzucker:
- **6 EL weißer Rohrzucker**
- **1 TL Zimtpulver**
- **Mark von 1 Vanilleschote**
- **1 Msp. gemahlener Kardamom**
- **1 Msp. gemahlener Koriander**
- **2 Stiele Zitronenmelisse**
- **sehr feine Zesten von 1 Bio-Orange**

Für die Süßkartoffel-Pommes:
- **4 große Süßkartoffeln**
- **4–6 EL Erdnussöl**
- **Saft von 1 Bio-Orange**

ZUBEREITUNG:

1. Den Grill (mit Deckel, etwa 200 °C) für hohe indirekte Hitze vorbereiten.

2. Für den Gewürzzucker den Zucker mit dem Zimt, dem Vanillemark, dem Kardamom und dem Koriander im Mörser fein mahlen. Die Zitronenmelisse waschen und gut trocken tupfen, die Blätter abzupfen und fein schneiden. Melisse und Orangenzesten zum Gewürzzucker geben.

3. Für die Pommes die Süßkartoffeln schälen und in 1 bis 2 cm dicke und 8 bis 12 cm lange Stifte schneiden. In einer Schüssel gründlich mit dem Erdnussöl und dem Orangensaft vermengen. Die Süßkartoffel-Pommes direkt auf dem Rost bei indirekter Hitze mit geschlossenem Deckel 10 bis 12 Minuten grillen.

4. Die Süßkartoffel-Pommes vom Grill nehmen und mit dem Gewürzzucker bestreut servieren.

TIPP:

Genial schmeckt das Erdbeer-Granatapfel-Ketchup von S. 109 zu den Süßkartoffel-Pommes.

KARAMELLISIERTE STRUDELTEIGFÄCHER

4 PORT. | 10 MIN. | 15 MIN.

ZUTATEN:

Für die Fächer:

- 1 Rolle Strudelteig (aus dem Kühlregal; ersatzweise Filoteig)
- 50 g Butter
- 2–3 EL Puderzucker zum Bestäuben
- 100 g weiße Schokolade

Für den Belag:

- 250 g gemischte Beeren (z. B. Erdbeeren, Himbeeren, Rote Johannisbeeren, Stachelbeeren)
- 4 Stiele Minze

Außerdem:

- 1 Rezept süßes Pesto verde (siehe S. 109)

ZUBEREITUNG:

1. Den Grill (mit Deckel, 160 bis 180 °C) für niedrige bis mittlere indirekte Hitze vorbereiten.

2. Für die Fächer den Strudelteig je nach Größe in 4 bis 8 Rechtecke (à etwa 12 × 16 cm Größe) schneiden und von der kürzeren Seite her ziehharmonikaartig zusammenfalten. Die Enden im unteren Drittel zusammenfassen und den Teig ober- und unterhalb auffächern. Die Butter in einem Grill-Kochgeschirr am Rand des Grills schmelzen. Die Fächer mit der Butter bestreichen und mit Puderzucker bestäuben.

3. Die weiße Schokolade hacken und in eine hitzebeständige Auflaufform oder ein Grill-Kochgeschirr geben. Bei indirekter Hitze mit geschlossenem Deckel 6 bis 8 Minuten hellbraun grillen. Herunternehmen, aushärten lassen und zerstoßen.

4. Für den Belag die Beeren verlesen, waschen und trocken tupfen. Die Minze waschen, trocken tupfen und die Blätter abzupfen. Einen Pizzastein 3 bis 4 Minuten vorheizen.

5. Die vorbereiteten Fächer auf den Pizzastein legen und bei indirekter Hitze mit geschlossenem Deckel 6 bis 8 Minuten karamellisieren. Herunternehmen und zum Servieren mit Beeren, Minzeblättern und knuspriger Schokolade bestreuen. Das süße Pesto daraufträufeln oder extra dazu servieren.

MANDEL-STICKS MIT KARAMELLISIERTEN PFIRSICHEN

8 STK. | 20 MIN. | 15 MIN.

ZUTATEN:

Für die Sticks:

- **1 Rolle Filoteig (aus dem Kühlregal; ersatzweise Strudelteig)**
- **2 Eier**
- **250 g gemahlene Mandeln**
- **75 g Zucker**
- **abgeriebene Schale und Saft von 2 Bio-Orangen**
- **½ TL Zimtpulver**
- **1 Msp. gemahlener Kardamom**
- **Mark von ½ Vanilleschote**
- **2–3 EL Öl zum Bestreichen**

Für die Pfirsiche:

- **2 reife Pfirsiche**
- **2 EL Honig**
- **Mark von ½ Vanilleschote**
- **Saft von 1 Bio-Orange**
- **2 EL gehackte Pistazien**

Für die Glasur:

- **3 EL Honig**
- **50 ml Orangenlikör**

Außerdem:

- **12–16 gewässerte Holzspieße**

ZUBEREITUNG:

1. Den Grill (mit Deckel, 160 bis 180 °C) für niedrige bis mittlere direkte/indirekte Hitze vorbereiten.

2. Für die Sticks den Teig abrollen und in 12 bis 16 Quadrate (à 8 × 8 cm) schneiden. Die Eier trennen. Die Eigelbe, die gemahlenen Mandeln, den Zucker, die Orangenschale und den -saft sowie die gemahlenen Gewürze und das Vanillemark zu einer kompakten Masse verkneten. Die Eiweiße leicht anschlagen.

3. Die Teigblätter mit einer Spitze nach unten nebeneinander auf die Arbeitsfläche legen und die Holzspieße jeweils mittig platzieren. Darauf 1 mandelgroße Portion der Eigelbmasse setzen. Seitenränder mit dem Eiweiß bestreichen, dann die obere Teigspitze bis zur unteren Spitze einklappen. Ränder erneut mit Eiweiß bestreichen und von links nach rechts einrollen.

4. Die Sticks mit Öl bestreichen und auf den Rost legen. Bei indirekter Hitze mit geschlossenem Deckel 6 bis 8 Minuten grillen.

5. Die Pfirsiche waschen, halbieren, entsteinen und in Stücke schneiden. Mit Honig, Vanillemark und Orangensaft in ein Grill-Kochgeschirr geben und bei direkter Hitze mit geschlossenem Deckel 6 bis 8 Minuten grillen, bis sie karamellisiert sind. Zum Servieren mit den gehackten Pistazien bestreuen.

6. Für die Glasur Honig und Likör in einem Grill-Kochgeschirr oder einer hitzebeständigen Auflaufform bei direkter Hitze mit geschlossenem Deckel leicht einkochen. Die Sticks mit der Glasur bestreichen und lauwarm mit den Pfirsichen servieren.

TIPP:

Anstelle der Pfirsiche schmeckt auch anderes Steinobst wie Nektarinen, Pflaumen oder Aprikosen.

KRÄUTER-PANCAKES MIT GEGRILLTER MANGO

4 PORT. | 15 MIN. | 15 MIN.

ZUTATEN:

Für die Pancakes:
- 4 Stiele Zitronenmelisse
- 4 Stiele Minze
- 4 Stiele Kerbel
- 100 g Mehl
- 1 TL Backpulver
- 1 Ei
- 4 EL Milch
- 50 g Zucker
- Salz
- abgeriebene Schale und Saft von 1 Bio-Orange

Für die gegrillte Mango:
- 2 reife Mangos
- 1 Passionsfrucht

Außerdem:
- Öl für den Pizzastein und den Rost
- Ahornsirup zum Beträufeln

ZUBEREITUNG:

1. Den Grill (mit Deckel, 180 bis 200 °C) für mittlere bis hohe direkte Hitze vorbereiten.

2. Für die Pancakes die Kräuter waschen und trocken tupfen, die Blätter abzupfen und fein schneiden. Das Mehl und das Backpulver sieben. Das Ei, die Milch, den Zucker, 1 Prise Salz und die Orangenschale sowie den -saft in einer Schüssel gut verrühren. Die Mehl-Backpulver-Mischung sowie die Kräuter untermischen.

3. Für die gegrillte Mango die Mangos schälen und das Fruchtfleisch auf den flachen Seiten in fingerdicken Scheiben vom Stein abschneiden. Die Passionsfrucht halbieren und die Mangoscheiben mit dem Passionsfruchtmark einreiben.

4. Einen Pizzastein oder eine gusseiserne Grillplatte 3 bis 4 Minuten auf dem Rost vorheizen. Mit Öl einfetten und mit einem Esslöffel Teigportionen daraufsetzen. Die Pancakes bei direkter Hitze mit geschlossenem Deckel auf beiden Seiten 2 bis 3 Minuten grillen und herunternehmen.

5. Den Grillrost mit Öl einfetten und die Mangoscheiben bei direkter Hitze mit geschlossenem Deckel auf beiden Seiten grillen, bis sich ein Muster abzeichnet. Mangoscheiben herunternehmen und in gleich große Stücke schneiden.

6. Die Kräuter-Pancakes zum Servieren mit etwas Ahornsirup beträufeln. Die gegrillten Mangostücke dazu reichen.

MUTZEN „TO GO“

4 PORT. | 15 MIN. | 20 MIN. | 10 MIN.

ZUTATEN:

Für den Teig:
- **½ Würfel Hefe (21 g)**
- **150 g Zucker**
- **450 g Mehl**
- **150 g Butter**
- **Salz**
- **Mehl für die Arbeitsfläche**

Für den Gewürzzucker:
- **100 g Zucker**
- **1 Msp. Zimtpulver**
- **Mark von 1 Vanilleschote**
- **abgeriebene Schale von 1 Bio-Limette**

ZUBEREITUNG:

1. Den Grill (mit Deckel, 160 bis 180 °C) für niedrige bis mittlere direkte/indirekte Hitze vorbereiten.
2. Für den Teig ¼ l lauwarmes Wasser in eine hitzebeständige Schüssel geben und die Hefe hineinbröckeln. Den Zucker dazugeben und verrühren, bis dieser sich aufgelöst hat. Das Mehl dazugeben und alles gründlich zu einem Teig verkneten. Die Schüssel an den Rand des Grills stellen und den Teig bei etwa 50 °C 15 bis 20 Minuten zugedeckt gehen lassen.
3. Inzwischen die Butter in einem hitzebeständigen Gefäß am Rand des Grills schmelzen.
4. Für den Gewürzzucker Zucker, Zimt, Vanillemark und Limettenschale im Mörser fein mahlen.
5. Den Teig mit 1 Msp. Salz verkneten und auf der bemehlten Arbeitsfläche fingerdick ausrollen. In etwa 10 cm große Rauten schneiden und großzügig mit der geschmolzenen Butter bestreichen.
6. Die Mutzen auf dem Rost bei indirekter Hitze mit geschlossenem Deckel auf jeder Seite 2 bis 3 Minuten grillen. Dann in die direkte Hitze legen und auf jeder Seite 1 bis 2 Minuten grillen. Vom Grill nehmen, im Gewürzzucker wälzen und noch warm servieren.

KOKOSAUFLAUF MIT EXOTISCHEN FRÜCHTEN

4 PORT. | 30 MIN. | 20 MIN.

ZUTATEN:

Für den Auflauf:

- 2 Kokosnüsse
- 100 g zimmerwarme Butter
- 150 g Zucker
- 100 g griechischer Joghurt
- 4 EL Kokossirup
- 2 Eier
- 100 g Mehl
- 1 TL Backpulver
- abgeriebene Späne von 1½ Kokosnüssen

Für die Früchte:

- 300 g gemischte exotische Früchte (z.B. Ananas, Papaya, Physalis, Mango, Melone)
- 1 Passionsfrucht
- 2 EL Honig
- einige Zitronenmelisseblätter (nach Belieben)

ZUBEREITUNG:

1. Den Grill (mit Deckel, 180 bis 200 °C) für mittlere bis hohe indirekte Hitze vorbereiten.

2. Für den Auflauf die Kokosnüsse gleichmäßig, möglichst in der Mitte, mit einem Hammer aufbrechen. Dafür die Nuss in der Hand halten und während des Aufbrechens drehen, bis sich eine Sollbruchstelle ergibt, an der man die Nuss öffnen kann. Das Fruchtfleisch vorsichtig herauslösen, ohne die Schale zu zerbrechen. Die Schalen mindestens 20 Minuten wässern. Das Fruchtfleisch auf der Vierkantreibe zu groben Spänen reiben.

3. Die Butter und den Zucker mehrere Minuten schaumig aufschlagen. Den Joghurt, den Kokossirup und die Eier dazugeben und alles gut verrühren. Das Mehl darübersieben, das Backpulver und ¾ der Kokosspäne dazugeben und alle Zutaten zu einem cremigen Teig verarbeiten.

4. Den Teig auf die vier gewässerten Kokosnusshälften verteilen und bei indirekter Hitze mit geschlossenem Deckel 15 bis 20 Minuten grillen.

5. Für die exotischen Früchte die Früchte je nach Sorte putzen und waschen oder schälen und in gleich große Stücke schneiden. In eine Schüssel geben. Die Passionsfrucht halbieren und das Mark mit dem Honig unter die Fruchtstücke rühren. Nach Belieben den Fruchtsalat mit Zitronenmelisse garnieren.

6. Zum Servieren die restlichen Kokosspäne auf die Aufläufe verteilen und die exotischen Früchte dazu reichen.

AUßERGEWÖHNLICH

Raffinierte LECKEREIEN

CRÈME BRULÉE MIT GRAPEFRUITSALAT

4 PORT. | 25 MIN. | 40 MIN.

ZUTATEN:

Für die Crème brulée:

- 2 große Bio-Pink-Grapefruits
- 230 g Zucker
- 450 g Sahne
- Mark von 1 Vanilleschote
- 6 Eigelb
- 2 EL brauner Rohrzucker

Für den Grapefruitsalat:

- 4 EL Honig
- 1 walnussgroßes Stück Ingwer
- 3 EL geröstete, gesalzene Erdnusskerne
- 4 Stiele Zitronenmelisse

ZUBEREITUNG:

1. Den Grill (mit Deckel, 160 °C) für niedrige direkte/indirekte Hitze vorbereiten.

2. Für die Crème brulée die Grapefruits mittig halbieren, das Fruchtfleisch vorsichtig herauslösen und die Böden leicht begradigen, ohne dabei die Schale durchzuschneiden. Das ausgehölte Fruchtfleisch in Stücke schneiden und für den Salat beiseitelegen. Das weiße Innere der Schale vorsichtig entfernen. 150 g Zucker mit 1 l Wasser in ein Grill-Kochgeschirr geben und bei direkter Hitze mit geschlossenem Deckel zum Kochen bringen. Die ausgehöhlten Grapefruithälften 4 bis 5 Minuten darin garen. Herausnehmen und trocken tupfen.

3. Sahne, Vanillemark und restlichen Zucker in ein Grill-Kochgeschirr geben und zugedeckt zum Kochen bringen. Eigelbe in eine Schüssel geben und die Vanillesahne zuerst tröpfchenweise, anschließend in einem Strahl in die Eigelbe einrühren. Die Masse in die Grapefruithälften verteilen und bei indirekter Hitze mit geschlossenem Deckel 35 bis 40 Minuten grillen.

4. Für den Grapefruitsalat Grapefruitfuchtfleisch und Honig mischen. Ingwer schälen und in sehr feine Würfel schneiden, Erdnüsse grob hacken. Zitronenmelisse waschen und trocken schütteln, Blätter abzupfen und grob hacken. Alles mischen.

5. Die fertige Crème brulée mit dem braunen Zucker bestreuen und mit einem Flambierbrenner karamellisieren. Crème brulée mit dem Grapefruitsalat servieren.

TIPP:

Sollte der Grill einmal zu heiß sein, könnt ihr etwa 1 cm hoch Wasser in eine hitzebeständige Auflaufschale füllen und die Grapefruithälften nebeneinander hineinsetzen. Dann bei indirekter Hitze mit geschlossenem Deckel grillen.

ZUPPA INGLESE DE SILVA

4–6 PORT. | 15 MIN. | 20 MIN.

ZUTATEN:

- 150 g Zucker
- 400 ml Milch
- Mark von 2 Vanilleschoten
- 3 EL Speisestärke
- 6 EL Amaretto (Mandellikör)
- 1 Mango
- 1 Baby-Ananas
- 1 Pfirsich
- 2–3 Aprikosen
- 2 EL brauner Zucker
- Öl für den Grillrost
- 200 g Cantuccini (ital. Mandelkekse)
- 200 g Himbeeren

ZUBEREITUNG:

1. Den Grill (mit Deckel, 180 bis 200 °C) für mittlere bis hohe direkte/indirekte Hitze vorbereiten.

2. Den Zucker in einem Grill-Kochgeschirr bei direkter Hitze mit geöffnetem Deckel karamellisieren. Mit der Milch aufgießen, aufkochen und das Vanillemark hinzufügen. Auf indirekte Hitze wechseln und die Mischung mit geschlossenem Deckel 8 bis 10 Minuten grillen. Die Speisestärke mit dem Amaretto glatt rühren.

3. Inzwischen die Mango schälen und das Fruchtfleisch auf den flachen Seiten in fingerdicken Scheiben vom Stein schneiden. Die Ananas schälen und ebenfalls in fingerdicke Scheiben schneiden. Den Pfirsich und die Aprikosen waschen, halbieren und entsteinen.

4. Die Früchte mit dem braunen Zucker bestreuen, den Grillrost mit Öl einfetten und die Früchte bei direkter Hitze mit geöffnetem Deckel 2 bis 3 Minuten grillen, bis sich ein Muster abzeichnet. Vom Grill nehmen und auskühlen lassen.

5. Die Vanillemilch mit der angerührten Speisestärke binden, aufkochen und beiseitestellen. Die Cantuccini in grobe Stücke brechen. Die Himbeeren verlesen und waschen. Die gegrillten Früchte, die Himbeeren und die Cantuccini in eine Auflaufform oder in Portionsförmchen schichten, mit der Vanillemilch übergießen und bis zum Servieren kühl stellen.

TIPP:

Am besten schmeckt diese süße Leckerei, wenn ihr sie schon am Vortag zubereitet. Dann ist die Zuppa schön durchgezogen und hat eine perfekte Bindung. Und in Einmachgläser geschichtet, ist das schnelle, unkomplizierte Dessert auch noch perfekt zum Mitnehmen. Ein Star bei jedem BBQ ist es sowieso!

PANNA COTTA VON GEGRILLTER WEISSER SCHOKOLADE

4 PORT. | 20 MIN. | 20 MIN. | 40 MIN.

ZUTATEN:

Für die gegrillte Schokolade:

- 200 g weiße Schokolade

Für die Panna cotta:

- 400 g Sahne (mind. 30 % Fett)
- 2 EL Ahornsirup
- Mark von 1 Vanilleschote
- 3 Blatt Gelatine

Für das Chutney:

- 1 Mango
- 2 Passionsfrüchte
- 2 EL Honig
- Mark von 1 Vanilleschote

ZUBEREITUNG:

1. Den Grill (mit Deckel, etwa 180 °C) für mittlere direkte/indirekte Hitze vorbereiten.

2. Für die gegrillte Schokolade die weiße Schokolade hacken und in ein Grill-Kochgeschirr geben. Bei indirekter Hitze mit geschlossenem Deckel 8 bis 10 Minuten goldbraun grillen. Vom Grill nehmen, auskühlen und aushärten lassen. Fein hacken und ⅓ zum Garnieren beiseitelegen.

3. Für die Panna cotta die Sahne, den Ahornsirup, das Vanillemark und die übrige gehackte Schokolade in das Grill-Kochgeschirr geben und bei indirekter Hitze am Rand des Grills unter gelegentlichem Rühren 8 bis 10 Minuten einkochen.

4. Die Gelatine in einer kleinen Schüssel in kaltem Wasser etwa 10 Minuten einweichen. Die Panna-cotta-Mischung vom Grill nehmen, die Gelatineblätter mit den Händen gut ausdrücken, in die heiße Mischung geben und unter Rühren darin auflösen. Das Ganze auf vier Gläser oder Förmchen verteilen und mindestens 40 Minuten zugedeckt kühl stellen.

5. Für das Chutney die Mango schälen, das Fruchtfleisch auf den flachen Seiten vom Stein schneiden und in kleine Würfel schneiden. Die Passionsfrüchte halbieren und das Mark herauslösen. Das Passionsfruchtmark mit dem Honig und dem Vanillemark in ein Grill-Kochgeschirr geben und bei direkter Hitze mit geschlossenem Deckel aufkochen. Die Mangowürfel dazugeben und alles 10 bis 15 Minuten einkochen lassen. Vom Grill nehmen und abkühlen lassen.

6. Zum Servieren das Chutney auf der Panna cotta verteilen und mit der restlichen gegrillten Schokolade bestreuen.

CHOCOLATE CORN DOGS

12 STK. | 30 MIN. | 10 MIN.

ZUTATEN:

Für den Teig:

- 50 g Maismehl
- 150 g Mehl
- 1 TL Backpulver
- 4 EL Kakaopulver
- 150 g Zucker
- feines Salz
- 125 ml Milch
- 1 EL Pflanzenöl
- Mehl für die Arbeitsfläche
- 200 ml Pflanzenöl zum Tränken
- 4 EL Honig

Für die Früchte:

- ½ Baby-Ananas
- 1 Apfel
- ½ Mango
- 1 Pfirsich
- 1 Pflaume

Außerdem:

- 12 gewässerte Holzspieße
- Süße Toppings zum Wälzen (z. B. Choco Krispies, Popcorn, Haselnusskrokant oder Kokosraspel)

ZUBEREITUNG:

1. Für den Teig beide Mehlsorten, das Backpulver, das Kakaopulver, den Zucker und ½ TL Salz mischen. Die Milch mit dem Öl und 100 ml Wasser verrühren und zur trockenen Mischung geben. Alles zu einem halbfesten, elastischen Teig kneten und zugedeckt etwa 20 Minuten ruhen lassen.

2. Den Grill (mit Deckel, etwa 180 °C) für mittlere indirekte Hitze vorbereiten.

3. Für die Früchte die Ananas und den Apfel schälen, den Strunk bzw. das Kerngehäuse entfernen und beide Früchte der Länge nach in daumendicke Stücke schneiden. Die Mango schälen und das Fruchtfleisch auf der flachen Seite in daumendicken Scheiben vom Stein schneiden. Den Pfirsich und die Pflaume waschen, halbieren, entsteinen und die Hälften nochmals durchschneiden. Die Früchte hintereinander der Länge nach auf die Holzspieße stecken.

4. Den Teig auf der bemehlten Arbeitsfläche ausrollen und 12 Kreise (à etwa 10 cm Durchmesser) ausstechen. Die Teigkreise um die Früchte am Spieß wickeln und etwa 5 Minuten in das Öl legen. Die Corn Dogs aus dem Öl nehmen, gründlich abtropfen lassen und bei indirekter Hitze mit geschlossenem Deckel 8 bis 10 Minuten grillen. Den Honig in einem Grill-Kochgeschirr oder einer Auflaufform erwärmen. Die Corn Dogs mit dem Honig bestreichen und sofort in den verschiedenen Toppings wälzen.

TIPP:

Wenn die Früchte sehr reif und saftig sind, könnt ihr sie kurz in Mehl wenden, bevor ihr sie in den Teig einpackt.

STRUDELTEIG-BONBONS MIT FLÜSSIGER MARSHMALLOWCREME

16 STK. | 15 MIN. | 15 MIN. | 8 MIN.

ZUTATEN:

Für die Füllung:

- **50 g Butter**
- **200 g weiße Schokolade**
- **8 Marshmallows**
- **50 g Sahne**
- **abgeriebene Schale von 1 Bio-Orange**

Für die Hülle:

- **50 g Butter**
- **7–8 Blätter Strudelteig (aus dem Kühlregal)**
- **1 Ei**

ZUBEREITUNG:

1. Den Grill (mit Deckel, 180 bis 200 °C) für mittlere bis hohe direkte Hitze vorbereiten.

2. Für die Füllung die Butter in einem Grill-Kochgeschirr bei direkter Hitze mit geöffnetem Deckel erhitzen. Die Schokolade hacken und die Marshmallows klein schneiden. Die Marshmallows und die Sahne zur Butter geben und die Mischung aufkochen. Schokolade und Orangenschale hinzufügen und unterrühren. Vom Grill nehmen und in ein mit Frischhaltefolie ausgelegtes Gefäß gießen. Die Masse zugedeckt 10 bis 15 Minuten kühl stellen.

3. Für die Hülle die Butter in einem Grill-Kochgeschirr am Rand des Grills schmelzen. Den Strudelteig auf die Arbeitsfläche legen und je 1 Blatt mit Butter bestreichen und 1 weiteres Blatt darauflegen. Anschließend in etwa 10×10 cm große Quadrate schneiden. Das Ei verquirlen und die Ränder der Teigblätter damit bestreichen. Je 1 teelöffelgroße Portion Füllung in die Mitte des Teigs setzen, Teig von unten nach oben aufrollen und zu Bonbons formen, dabei die Ränder gut verschließen.

4. Die Strudelteig-Bonbons mit Butter bestreichen und bei direkter Hitze mit geschlossenem Deckel auf jeder Seite 3 bis 4 Minuten grillen.

TIPP:

Es ist wichtig, dass ihr die Bonbons sorgfältig verschließt, weil sonst beim Grillen die flüssige Creme herauslaufen kann.
Ich serviere zu den Bonbons gerne die gegrillte Zitrusfruchtcreme von S. 110.

GEGRILLTE KRAPFEN „PINK SWEETS STYLE" MIT HIMBEER-JOGHURT-SAUCE

4 PORT. | 25 MIN. | 10 MIN.

ZUTATEN:

Für die Krapfen:

- **100 g Butter**
- **100 g Zucker**
- **75 ml Himbeersaft**
- **100 ml Himbeersirup**
- **200 g Mehl**
- **½ TL Backpulver**
- **100 g Himbeeren**
- **1 Ei**
- **Öl zum Bestreichen**

Für die Sauce:

- **100 g Naturjoghurt**
- **100 g Mascarpone**
- **150 g Himbeermark (siehe Tipp)**
- **2 EL Honig**

Außerdem:

- **Puderzucker zum Bestäuben**

ZUBEREITUNG:

1. Den Grill (mit Deckel, etwa 180 °C) für mittlere direkte/indirekte Hitze vorbereiten.

2. Für die Krapfen die Butter, den Zucker, den Himbeersaft und den Sirup in einem Grill-Kochgeschirr bei direkter Hitze mit geöffnetem Deckel aufkochen. Das Mehl und das Backpulver sieben und in die Flüssigkeit rühren. Weiterrühren, bis sich die Zutaten zu einem festen Teig verbunden haben. Sobald sich am Topfboden ein leichter Belag abzeichnet, den Teig herausnehmen, in eine Schüssel geben und etwas abkühlen lassen.

3. Für die Sauce den Joghurt und den Mascarpone mit dem Himbeermark und dem Honig verrühren.

4. Die Himbeeren verlesen, waschen und trocken tupfen. Die Himbeeren und das Ei in den abgekühlten Teig kneten. Die Masse mithilfe von zwei Esslöffeln zu kleinen Krapfen formen, auf ein Blech setzen und mit reichlich Öl bestreichen.

5. Einen Pizzastein oder eine gusseiserne Grillplatte bei indirekter Hitze mit geschlossenem Deckel 4 bis 5 Minuten vorheizen. Die Krapfen daraufsetzen und 8 bis 10 Minuten mit geschlossenem Deckel grillen. Herunternehmen, mit Puderzucker bestäuben und noch warm servieren. Die Sauce extra dazu reichen.

TIPP:

Für ein selbst gemachtes Himbeermark einfach 250 g Himbeeren aus dem Tiefkühlregal aufkochen und 2 bis 3 EL Honig unterrühren. Danach mit etwas angerührter Speisestärke binden, pürieren und nach Belieben noch durch ein Sieb streichen.

HIMBEERTASCHERL

16 STK. | 25 MIN. | 30 MIN. | 10 MIN.

ZUTATEN:

Für die Füllung:

- 150 ml Himbeermark (siehe Tipp S. 61; ersatzweise Himbeersauce)
- 50 g Zucker
- 300 g Bitterschokolade (mind. 60 % Kakaogehalt)
- 16 tiefgekühlte Himbeeren

Für den Teig:

- 100 g Butter
- 150 g Zucker
- ¼ l Milch
- 200 g Mehl
- 2 Eier
- Mehl für die Arbeitsfläche

ZUBEREITUNG:

1. Den Grill (mit Deckel, etwa 200 °C) für mittlere bis hohe direkte/indirekte Hitze vorbereiten.

2. Für die Füllung das Himbeermark mit dem Zucker in einem Grill-Kochgeschirr bei direkter Hitze mit geöffnetem Deckel aufkochen. Die Schokolade hacken. Den aufgekochten Sud vom Grill nehmen und die Schokolade nach und nach einrühren. Die Mischung in ein mit Frischhaltefolie ausgelegtes Gefäß flach eingießen und 25 bis 30 Minuten kühl stellen.

3. Für den Teig die Butter, den Zucker und die Milch in ein Grill-Kochgeschirr geben und bei direkter Hitze mit geschlossenem Deckel aufkochen. Das Mehl sieben und unterrühren. Weiterrühren, bis sich die Zutaten zu einem festen Teig verbunden haben. Sobald sich am Topfboden ein leichter Belag abzeichnet, den Teig herausnehmen, in eine Schüssel geben und etwas abkühlen lassen.

4. Die Eier nacheinander in den abgekühlten Teig kneten. Auf der bemehlten Arbeitsfläche flach ausrollen und 16 Teigkreise (à 8 bis 10 cm Durchmesser) ausstechen. Je 1 Himbeere und 1 haselnussgroße Portion Füllung mittig platzieren, die Teigtaschen über der Füllung zu Halbmonden zusammenfalten und die Ränder mit einer Gabel fest zusammendrücken.

5. Einen Pizzastein oder eine gusseiserne Grillplatte bei indirekter Hitze mit geschlossenem Deckel 3 bis 4 Minuten vorheizen. Die Himbeertascherl darauf verteilen und bei indirekter Hitze mit geschlossenem Deckel 8 bis 10 Minuten grillen.

TIPP:

Die Füllung bereitet ihr am besten schon einen Tag vorher zu. Wenn sie vollständig ausgekühlt ist, lässt sie sich nämlich wunderbar mit angefeuchteten Händen portionieren – so kommt in jedes Tascherl die gleiche Menge Füllung.

GRIESSSCHNITTEN MIT HEISSER HIMBEER-LIEBE

4 PORT. | 30 MIN. | 10 MIN.

ZUTATEN:

Für die Schnitten:
- 50 g Butter
- 75 g Zucker
- 4 EL gehackte Mandeln
- abgeriebene Schale und Saft von 1 Bio-Orange
- abgeriebene Schale und Saft von 1 Bio-Zitrone
- 1 Msp. Zimtpulver
- 300 ml Milch
- 150 g Weichweizengrieß

Für die Himbeer-Liebe:
- 150 ml Himbeersaft
- 4 EL Honig
- Mark von 1 Vanilleschote
- 1 EL Speisestärke
- 2 cl Himbeergeist
- 300 g tiefgekühlte Himbeeren

Außerdem:
- Öl für den Grillrost
- Himbeeren zum Garnieren
- Puderzucker zum Bestäuben

ZUBEREITUNG:

1. Den Grill (mit Deckel, etwa 180 °C) für mittlere direkte Hitze vorbereiten.

2. Für die Schnitten die Butter in ein Grill-Kochgeschirr oder eine Auflaufform geben und bei direkter Hitze mit geschlossenem Deckel schmelzen. Den Zucker, die gehackten Mandeln, die Schale und den Saft der Zitrusfrüchte, den Zimt und die Milch dazugeben. Die Mischung 6 bis 8 Minuten köcheln lassen. Den Grieß unter Rühren dazugeben und 4 bis 5 Minuten abbrennen lassen.

3. Die Grießmasse auf einen Bogen Backpapier geben, einen zweiten Bogen Backpapier darauflegen und das Ganze auf 1 bis 1 ½ cm gleichmäßig flach drücken. Auskühlen lassen und in Rechtecke schneiden.

4. Für die Himbeer-Liebe den Himbeersaft, den Honig und das Vanillemark in ein Grill-Kochgeschirr geben und bei direkter Hitze mit geschlossenem Deckel aufkochen. Die Speisestärke mit dem Himbeergeist glatt rühren und unter Rühren dazugießen, bis der kochende Saft bindet. Die Mischung vom Grill nehmen, die Himbeeren dazugeben und beiseitestellen.

5. Den Grillrost mit Öl einfetten und die Grießschnitten bei direkter Hitze mit geschlossenem Deckel auf jeder Seite 2 bis 3 Minuten grillen. Vom Grill nehmen, mit den Himbeeren garnieren und mit Puderzucker bestäuben. Die heiße Himbeer-Liebe dazu reichen.

SURPRISE

GEGRILLTE Überraschungen

GEGRILLTE NUGAT-COOKIES MIT CRANBERRYS

12 STK. | 15 MIN. | 10 MIN.

ZUTATEN:

- 180 g Mehl
- 2 TL Backpulver
- 1 EL Kakaopulver
- 150 g zimmerwarme Butter
- 180 g brauner Rohrzucker
- 200 g zimmerwarmer Nugat
- 5 Eigelb
- 80 g Soft-Cranberrys
- Mehl zum Bestäuben

ZUBEREITUNG:

1. Den Grill (mit Deckel, etwa 180 °C) für mittlere indirekte Hitze vorbereiten.

2. Das Mehl, das Backpulver und das Kakaopulver in eine Schüssel sieben. Die Butter mit dem Zucker mehrere Minuten dickschaumig aufschlagen. Den Nugat in grobe Würfel schneiden.

3. Die Butter, die Nugatwürfel und die Eigelbe sowie die Cranberrys zur Mehlmischung geben und alle Zutaten zu einem cremigen Teig verrühren. Einen Pizzastein oder eine gusseiserne Grillplatte 3 bis 4 Minuten vorheizen.

4. Den Pizzastein oder die Grillplatte mit etwas Mehl bestäuben. Den Teig mit einem Esslöffel in kleinen Portionen mit Abstand zueinander auf dem Pizzastein oder der Grillplatte verteilen. Die Cookies bei indirekter Hitze mit geschlossenem Deckel 8 bis 10 Minuten grillen.

5. Fertige Cookies herunternehmen und mit dem übrigen Teig so fortfahren, bis der Teig aufgebraucht ist. Die Cookies am besten lauwarm genießen.

CORNETTOS MIT KAKAO-FRISCHKÄSE-CREME

16 STK. | 25 MIN. | 6 MIN.

ZUTATEN:

Für die Cornettos:

- **1 Rolle Strudelteig (aus dem Kühlregal)**
- **Öl zum Bestreichen**
- **Puderzucker zum Bestäuben**
- **1 Ei**

Für die Creme:

- **4 EL Kakaopulver**
- **4 EL Zucker**
- **2 EL Kaffeelikör**
- **200 g Doppelrahmfrischkäse**
- **abgeriebene Schale von 1 Bio-Orange**

ZUBEREITUNG:

1. Den Grill (mit Deckel, etwa 180 °C) für mittlere direkte Hitze vorbereiten.

2. Für die Cornettos den Strudelteig ausrollen und in etwa 32 Teigkreise (à etwa 12 cm Durchmesser) schneiden. Die Hälfte der Teigkreise mit Öl bestreichen und mit Puderzucker bestäuben. Je 1 zweiten Teigkreis darauflegen. 16 Cornet-Formen aus Metall (siehe Tipp) mit Öl bestreichen. Das Ei verquirlen.

3. Je 1 doppelt gelegten Strudelteigkreis um eine Cornet-Form wickeln und den Rand mit Ei bestreichen. Auf diese Weise 16 Cornettos formen und auf dem Grillrost bei direkter Hitze mit geschlossenem Deckel rundum 4 bis 6 Minuten grillen. Vom Grillrost nehmen und auskühlen lassen. Danach die Cornet-Formen vorsichtig herausziehen.

4. Für die Creme den Kakao, den Zucker und den Likör verrühren. Die Mischung mit dem Frischkäse verrühren und die Orangenschale untermischen. Cornettos mit der Creme füllen. Nach Belieben mit Nusstapenade (siehe S. 115) toppen.

TIPP:

Cornet-Formen bekommt ihr im Onlinehandel. Alternativ könnt ihr aus doppelt bis dreifach gelegtem Backpapier kleine Spitztüten formen.

BLÄTTERTEIGRIPPCHEN MIT FENCHEL UND HONIG

4 PORT. | 20 MIN. | 10 MIN.

ZUTATEN:

- 50 g Butter
- 100 g Honig
- abgeriebene Schale und Saft von 2 Bio-Limetten
- 1 Msp. Zimtpulver
- Mark von 1 Vanilleschote
- 1 Rolle Blätterteig (aus dem Kühlregal)
- Mehl für die Arbeitsfläche
- 1–2 EL Puderzucker zum Bestäuben
- 2 EL Fenchelsamen

ZUBEREITUNG:

1. Den Grill (mit Deckel, etwa 200 °C) für mittlere bis hohe direkte/indirekte Hitze vorbereiten.

2. Die Butter in ein Grill-Kochgeschirr geben und am Rand des Grills schmelzen. Den Honig, die Limettenschale und den -saft, den Zimt sowie das Vanillemark ebenfalls in ein Grill-Kochgeschirr geben und bei direkter Hitze mit geschlossenem Deckel 4 bis 5 Minuten sirupartig einkochen.

3. Den Blätterteig auf einer bemehlten Arbeitsfläche ausrollen, mit geschmolzener Butter bestreichen, mit Puderzucker bestäuben und einmal zusammenlegen. Anschließend zur ursprünglichen Dicke ausrollen. Diesen Vorgang noch einmal wiederholen.

4. Den Teig gleichmäßig mit einer Gabel einstechen, damit er beim Grillen überall gleich schön aufgeht. Mit dem vorbereiteten Sirup bestreichen und mit den Fenchelsamen bestreuen. Die Blätterteigrippchen bei indirekter Hitze mit geschlossenem Deckel 8 bis 10 Minuten grillen. Die Oberfläche soll goldbraun karamellisieren. Nach Belieben mit dem Nugatdip von S. 115 servieren.

TIPP:

Wenn ihr einen Pizzastein oder eine gusseiserne Grillplatte habt, könnt ihr die Blätterteigrippchen auch darauf zubereiten.

BAUMKUCHEN VOM DREHSPIESS

6–8 PORT. | 25 MIN. | 35 MIN.

ZUTATEN:

Für den Baumkuchen:

- 8 Eier
- 150 g brauner Zucker
- 150 g Zucker
- 350 g zimmerwarme Butter
- Mark von 1 Vanilleschote
- 3 EL Mandelsirup
- abgeriebene Schale und Saft von 2 Bio-Orangen
- 150 g Mehl
- 150 g Speisestärke
- 4 TL Backpulver

Außerdem:

- 1 EL zimmerwarme Butter
- 250 g Marzipanrohmasse
- Puderzucker zum Bestäuben
- 1 Portion Erdbeer-Granatapfel-Ketchup (siehe S. 109)

ZUBEREITUNG:

1. Den Grill (mit Deckel, 180 bis 200 °C) für mittlere bis hohe indirekte Hitze vorbereiten. Für den Baumkuchen die Eier trennen. Eigelbe mit dem braunen Zucker mehrere Minuten dickschaumig aufschlagen. Eiweiße mehrere Minuten zu schaumigem Schnee steif aufschlagen, dabei weißen Zucker einrieseln lassen.

2. Butter mit Vanillemark ebenfalls schaumig aufschlagen. Den Mandelsirup, die Orangenschale und den -saft nach und nach dazugeben. Das Mehl, die Stärke und das Backpulver sieben. Den Eigelbschaum, die Mehlmischung und die Butter gut vermischen und den Eiweißschaum vorsichtig unterheben.

3. Einen Drehspieß für den Grill in der Mitte mit etwas Butter einfetten. Einen Bogen Backpapier mit der restlichen Butter einfetten und auf einer Länge von etwa 25 cm (so lang wird der Baumkuchen) eng um den Spieß wickeln. Das Marzipan zwischen zwei Bögen Backpapier etwa 1 cm dick ausrollen und um den Spieß wickeln. Eine Auffangschale oder hitzebeständige Auflaufform unter den Drehspieß legen.

4. Den Spieß einspannen und mit geschlossenem Deckel 2 bis 3 Minuten vorheizen. Den Teig mit einer Suppenkelle auf dem Marzipan am Spieß verteilen. Die Auffangschale entfernen und den Teig mit geschlossenem Deckel 2 bis 3 Minuten rundum braun grillen, dazu den Spieß langsam drehen. Sobald der Teig Farbe angenommen hat, die Auffangschale wieder unter den Drehspieß stellen und den Vorgang wiederholen. Nach und nach Teigschichten auftragen und grillen, bis der Teig aufgebraucht ist, dabei den in der Auffangschale gesammelten Teig mitverwenden.

5. Die beiden Enden vom Baumkuchen abschneiden und den Kuchen locker vom Spieß lösen. Mit Puderzucker bestäuben, in Scheiben schneiden und mit dem Fruchtketchup servieren.

KOKOS-REISBÄLLCHEN MIT GOJIBEEREN

16 STK. | 25 MIN. | 10 MIN.

ZUTATEN:

- 200 g japanischer Sushireis
- 2 Stängel Zitronengras
- abgeriebene Schale und Saft von 2 Bio-Limetten
- Salz
- 4 EL Zucker
- 2 Kaffir-Limettenblätter
- 80 g Gojibeeren (ersatzweise Soft-Cranberrys)
- 6 EL Kokosraspel
- Öl für den Grillrost

ZUBEREITUNG:

1. Den Grill (mit Deckel, 160 bis 180 °C) für niedrige bis mittlere direkte/indirekte Hitze vorbereiten.

2. Den Sushireis in ein Sieb geben und 2 bis 3 Minuten unter vorsichtigem Rühren waschen. Das Zitronengras putzen und andrücken. 300 ml Wasser, die Limettenschale und den -saft, ½ TL Salz, den Zucker, das Zitronengras und die Kaffir-Limettenblätter in ein Grill-Kochgeschirr geben und bei direkter Hitze mit geschlossenem Deckel aufkochen.

3. Den Reis in den Sud geben, zur indirekten Hitze wechseln und den Reis 15 bis 18 Minuten im Sud quellen lassen. Den fertigen Reis auf ein flaches Blech streichen, das Zitronengras und die Limettenblätter entfernen und die Gojibeeren untermischen. Den Reis lauwarm mit angefeuchteten Händen zu gleich großen Bällchen (à 3 bis 4 cm Durchmesser) formen. Die Kokosraspel auf einen großen Teller verteilen und die Bällchen darin wälzen.

4. Den Grillrost mit Öl einfetten und die Bällchen bei direkter Hitze offen 2 bis 3 Minuten grillen, bis sich ein Muster abzeichnet.

TIPP:

Zu den Kokos-Reisbällchen serviere ich gerne den süßen Erdnussdip von S. 112.

KOKOS-WHOOPIES MIT SCHWARZER JOHANNISBEERCREME

10 STK. | 20 MIN. | 8 MIN.

ZUTATEN:

Für den Teig:

- **150 g zimmerwarme Butter**
- **150 g brauner Zucker**
- **Salz**
- **250 g Mehl**
- **1 TL Backpulver**
- **Mark von 1 Vanilleschote**
- **100 ml Vanillemilch**
- **2 Eier**
- **5 EL Kokosraspel**

Für die Füllung:

- **200 g Mascarpone**
- **6 EL Schwarze Johannisbeerkonfitüre**

Außerdem:

- **Kokosraspel zum Bestreuen**

ZUBEREITUNG:

1. Den Grill (mit Deckel, etwa 200 °C) für mittlere bis hohe indirekte Hitze vorbereiten.

2. Für den Teig die Butter mehrere Minuten dickschaumig aufschlagen, dabei den Zucker und 1 Msp. Salz nach und nach einrieseln lassen. Das Mehl und das Backpulver sieben. Das Vanillemark gründlich mit der Vanillemilch verrühren.

3. Die Butter, die Mehlmischung, die Vanillemilch, die Eier und die Kokosraspel zu einem zähflüssigen Teig verrühren. Einen Pizzastein oder eine gusseiserne Grillplatte 3 bis 4 Minuten vorheizen. Den Teig mit einem Esslöffel in 20 kleinen Portionen mit Abstand darauf verteilen und mit Kokosraspeln bestreuen. Bei indirekter Hitze mit geschlossenem Deckel 6 bis 8 Minuten grillen, dabei nach Belieben einmal wenden.

4. Inzwischen für die Füllung den Mascarpone und die Johannisbeerkonfitüre glatt rühren. Die gegrillten Kekse herunternehmen und etwas abkühlen lassen. Die Hälfte der Kekse auf der geraden Seite mit Johannisbeercreme bestreichen. Je 1 Keks daraufsetzen und leicht andrücken.

BABY-ANANAS IM SCHLAFROCK MIT FLÜSSIGEM NUGAT

4 PORT. | 25 MIN. | 25 MIN.

ZUTATEN:

- 2 Baby-Ananas
- 1 Rolle Blätterteig (aus dem Kühlregal)
- 1 Eiweiß
- 150 ml Kokosmilch
- 200 g Nugat
- 50 g weiße Schokolade
- 2 EL Haselnusskrokant
- 1 Passionsfrucht
- 2 EL Butter

ZUBEREITUNG:

1. Den Grill (mit Deckel, etwa 180 °C) für mittlere direkte/indirekte Hitze vorbereiten.

2. Die Blätter mitsamt 1 Scheibe Ananas von beiden Früchten abschneiden, sodass man eine gerade Fläche erhält. Den Blattschopf beiseitelegen. Die Baby-Ananas rundum mit dem Messer schälen und dann bis auf einen etwa 1 cm dicken Rand aushöhlen. Den Boden dabei nicht einschneiden. Das ausgehöhlte Fruchtfleisch anderweitig verwenden.

3. Den Blätterteig etwas dünner ausrollen und in etwa 1 cm breite Streifen schneiden. Die Ananas außen rundum mit verquirltem Eiweiß bestreichen. Die Teigstreifen um die Ananas wickeln, bis das Fruchtfleisch komplett mit Teig bedeckt ist.

4. Die Kokosmilch in ein Grill-Kochgeschirr geben und bei direkter Hitze mit geschlossenem Deckel aufkochen. Den Nugat und die weiße Schokolade grob hacken. Die Kokosmilch vom Grill nehmen und den Nugat, die Schokolade und den Krokant einrühren. Die Passionsfrucht halbieren, das Fruchtfleisch mit einem Löffel herauslösen und unterrühren. Die Füllung auf die beiden Ananas verteilen und jeweils den Schopf aufsetzen.

5. Die Butter in einem Grill-Kochgeschirr am Rand des Grills schmelzen. Die Ananas bei indirekter Hitze mit geschlossenem Deckel 20 bis 25 Minuten grillen. Dabei zwischendurch immer wieder mit der Butter bestreichen.

GRANATAPFELFONDUE MIT GEGRILLTEN MARSHMALLOWS

4 PORT. | 10 MIN. | 15 MIN.

ZUTATEN:

- 2 Granatäpfel
- 1 rote Peperoni
- 50 g Ingwer
- 4 EL Honig
- abgeriebene Schale und Saft von 2 Bio-Zitronen
- Mark von 1 Vanilleschote
- 50 ml Grenadine (Granatapfelsirup)
- 200 ml Apfelsaft
- 1–2 EL angerührte Speisestärke
- 36 Marshmallows
- 12 gewässerte Holzspieße

ZUBEREITUNG:

1. Den Grill (mit Deckel, etwa 180 °C) für mittlere direkte Hitze vorbereiten.

2. Die Granatäpfel halbieren und die Kerne vorsichtig herauslösen. Die Peperoni entkernen und in feine Würfel schneiden. Den Ingwer schälen und ebenfalls in feine Würfel schneiden.

3. Den Honig in einem Grill-Kochgeschirr bei direkter Hitze offen erhitzen. Die Peperoni- und die Ingwerwürfel dazugeben und angrillen. Die Zitronenschale und den -saft, das Vanillemark, die Grenadine und den Apfelsaft dazugeben. Alles unter Rühren aufkochen. Die Mischung mit der angerührten Speisestärke binden und die Granatapfelkerne hinzufügen.

4. Je 3 Marshmallows auf einen Holzspieß stecken. Auf dem Grillrost rundum leicht angrillen, dann in das Granatapfelfondue tauchen und genießen.

Für die vielen
LIEBEN

SÜSSE PAELLA

6–8 PORT. | 20 MIN. | 30 MIN.

ZUTATEN:

Für den Sud:

- 1 Bund Zitronengras
- 100 g Zucker
- 4 EL Honig
- abgeriebene Schale und Saft von 2 Bio-Limetten
- Mark von 1 Vanilleschote
- 1 Sternanis

Für die Paella:

- 2 EL Butter
- 50 g blanchierte Mandelkerne
- 50 g geschälte Pistazien
- 250 g Paellareis (ersatzweise Risottoreis)
- 1 Msp. gemahlener Kardamom
- 1 Msp. gemahlener Koriander
- 1 Baby-Ananas
- 1 kleine Mango
- 2 Kiwis
- 200 g Erdbeeren
- 50 g Brombeeren
- 2 Passionsfrüchte

Außerdem:

- Zitronenmelisse zum Garnieren

ZUBEREITUNG:

1. Den Grill (mit Deckel, etwa 180 °C) für mittlere direkte/indirekte Hitze vorbereiten.

2. Für den Sud das Zitronengras in Stücke schneiden. Mit ¾ l Wasser, dem Zucker, dem Honig, der Limettenschale sowie dem -saft, dem Vanillemark und dem Sternanis in ein Grill-Kochgeschirr oder eine hohe Auflaufform geben. Bei direkter Hitze mit geschlossenem Deckel 8 bis 10 Minuten köcheln lassen. Den Sud durch ein Sieb gießen und beiseitestellen.

3. Für die Paella die Butter in ein Grill-Kochgeschirr geben und bei direkter Hitze offen schmelzen. Die Mandeln, die Pistazien, den Reis und die gemahlenen Gewürze 2 bis 3 Minuten darin anrösten. Danach zur indirekten Hitze wechseln. Den Sud nach und nach zum Reis gießen und einköcheln lassen. Den Reis 18 bis 20 Minuten garen, dabei den Deckel nach jeder Zugabe von Sud wieder auflegen.

4. Inzwischen die Ananas schälen, vierteln, den harten Strunk herausschneiden und das Fruchtfleisch in Würfel schneiden. Die Mango schälen, das Fruchtfleisch auf den flachen Seiten vom Stein schneiden und in kleine Würfel schneiden. Die Kiwis schälen und ebenfalls in kleine Würfel schneiden. Die Erdbeeren waschen, putzen und halbieren. Die Brombeeren putzen und waschen. Die Passionsfrüchte halbieren und das Fruchtfleisch mit einem Löffel herauslösen.

5. Etwa 3 Minuten vor dem Ende der Garzeit des Reises die Obstwürfel, Beeren und das Passionsfruchtfleisch unter die Paella rühren. Zum Servieren mit Zitronenmelisse garnieren.

GEDECKTER APFELKUCHEN

12 STK. | 25 MIN. | 35 MIN.

ZUTATEN:

Für den Teig:
- 50 g zimmerwarme Butter
- 100 g Zucker
- 100 g Schmand
- 1 Ei
- 3 EL Milch
- 2 TL Backpulver
- 300 g Mehl
- Butter und Mehl für die Form

Für die Füllung:
- 600 g Äpfel
- 4 EL Honig
- abgeriebene Schale und Saft von 1 Bio-Limette
- Mark von 1 Vanilleschote
- 2 EL Speisestärke
- 200 g Apfelmus
- 25 g Butterkekse

Außerdem:
- 1 Eigelb und 2–3 EL Honig zum Bestreichen

ZUBEREITUNG:

1. Den Grill (mit Deckel, etwa 180 °C) für mittlere indirekte Hitze vorbereiten.

2. Für den Teig die Butter mit dem Zucker mehrere Minuten schaumig aufschlagen. Den Schmand, das Ei und die Milch dazugeben und unterrühren. Das Backpulver und das gesiebte Mehl hinzufügen und alle Zutaten zu einem festen Teig kneten.

3. Für die Füllung die Äpfel vierteln, schälen und die Kerngehäuse entfernen. Die Viertel in grobe Würfel schneiden und mit dem Honig, der Limettenschale und dem -saft, dem Vanillemark und der Speisestärke vermengen. Das Apfelmus unterrühren.

4. Eine runde Grill- oder Backform (24 bis 26 cm Durchmesser) mit Butter einfetten und mit Mehl ausstreuen. Den Teig halbieren und jede Portion zwischen zwei Bögen Backpapier etwa ½ cm dünn ausrollen.

5. 1 Teigkreis in die Form legen, am Rand hochziehen und mit einer Gabel gleichmäßig einstechen. Die Butterkekse zerbröseln und auf den Teig streuen. Die Füllung hineingeben und den zweiten Teigkreis darauflegen. Die Ränder zusammendrücken und den überlappenden Teig abschneiden. Den Teigdeckel mit dem verquirlten Eigelb bestreichen.

6. Den Apfelkuchen bei indirekter Hitze mit geschlossenem Deckel 30 bis 35 Minuten goldbraun grillen. Kurz vor Ende der Grillzeit mit Honig bestreichen. Den Kuchen vom Grill nehmen, etwas abkühlen lassen, aus der Form lösen, in Stücke schneiden und lauwarm servieren.

½L

PFIRSICHKUCHEN „AMERICAN STYLE“

10–12 STK. | 25 MIN. | 20 MIN. | 50 MIN.

ZUTATEN:

Für den Teig:
- 525 g Mehl
- 225 g Puderzucker
- 2 TL Backpulver
- 2 EL Speisestärke
- Mark von 1 Vanilleschote
- 5 Eigelb
- 50 ml Milch
- 225 g Butter
- Butter und Mehl für die Form

Für die Streusel:
- 100 g Mehl
- 80 g Zucker
- 80 g kalte Butter

Für die Füllung:
- 12 reife Pfirsiche
- 50 g brauner Zucker
- 100 g Pfirsichkonfitüre
- 3 EL Speisestärke

Außerdem:
- Puderzucker zum Bestäuben (nach Belieben)

ZUBEREITUNG:

1. Den Grill (mit Deckel, etwa 200 °C) für mittlere bis hohe indirekte Hitze vorbereiten.

2. Für den Teig das Mehl, den Puderzucker, das Backpulver und die Speisestärke in eine Schüssel sieben. Das Vanillemark, die Eigelbe und die Milch in einer zweiten Schüssel verrühren. Die Butter in Stücke schneiden. Alle Zutaten zu einem festen Teig kneten, zwischen zwei Bögen Backpapier flach drücken und etwa 20 Minuten kühl stellen.

3. Für die Streusel das Mehl, den Zucker und die kalte Butter mit den Fingern locker vermischen. Zugedeckt kühl stellen.

4. Für die Füllung die Pfirsiche waschen oder nach Belieben kurz blanchieren und die Schale abziehen. Früchte halbieren, entsteinen und in grobe Stücke schneiden. Den Zucker, die Konfitüre und die Speisestärke dazugeben und alles gut mit den Händen vermengen. Falls die Pfirsiche sehr saftig sind, einfach noch etwas Speisestärke hinzufügen.

5. Den Boden einer runden Grill-, Tarte- oder Auflaufform (24 bis 26 cm Durchmesser) mit Butter einfetten und mit Mehl ausstreuen. Den gekühlten Teig halbieren und jede Portion zwischen zwei Bögen Backpapier rund ausrollen. 1 Teigkreis in die Form legen, am Rand hochziehen und mit einer Gabel gleichmäßig einstechen. Die Pfirsichfüllung und die Streusel darauf verteilen. Die zweite Teighälfte darauflegen, die Ränder zusammendrücken und den Teigdeckel ebenfalls gleichmäßig einstechen.

6. Den Kuchen bei indirekter Hitze mit geschlossenem Deckel 45 bis 50 Minuten grillen. Vom Grill nehmen, etwas abkühlen lassen und aus der Form lösen. Nach Belieben mit Puderzucker bestäubt servieren.

BROMBEER-PIES

4 PORT. | 25 MIN. | 25 MIN.

ZUTATEN:

Für die Pies:

- 2 Rollen Mürbeteig (à 300–350 g; aus dem Kühlregal)
- Butter für die Formen
- 200 g tiefgekühlte Brombeeren
- 6 EL Honig
- 1 Stiel Zitronenmelisse (nach Belieben)
- abgeriebene Schale von 1 Bio-Zitrone
- 200 g Schichtkäse oder Speisequark (40 % Fett)
- 4 EL gehackte Mandeln
- 100 g Zucker
- 2 EL Speisestärke

Außerdem:

- 1 Schale gemischte Brombeeren
- Puderzucker zum Bestäuben

ZUBEREITUNG:

1. Den Grill (mit Deckel, etwa 180 °C) für mittlere indirekte Hitze vorbereiten.

2. Für die Pies den Mürbeteig auspacken und 1 Rolle ausrollen. In 4 etwa 20 cm große Kreise schneiden. Vier flache Grill-Souffléformen oder hitzebeständige Porzellan-Timbalen (à 10 bis 12 cm Durchmesser) bis zum Rand mit Butter einfetten und mit Teig auslegen. Der Teig sollte etwa ½ cm über die Formen hinausragen. Die zweite Mürbeteigrolle ausrollen und den Teig in etwa 1 cm breite Streifen schneiden. Anschließend zu einem Gitter flechten und in der Größe der Formen 4 Kreise ausstechen.

3. Die Brombeeren verlesen und mit dem Honig verrühren. Die Zitronenmelisse waschen und trocken tupfen, die Blätter abzupfen und fein schneiden.

4. Brombeeren, Melisse, Zitronenschale, Schichtkäse oder Quark, Mandeln, Zucker und Speisestärke zu einer kompakten Masse vermischen. Auf die Formen verteilen, jeweils ein Mürbeteiggitter auflegen und die Pies bei indirekter Hitze mit geschlossenem Deckel 20 bis 25 Minuten grillen.

5. Die Brombeeren verlesen, waschen und trocken tupfen. Die Pies vom Grill nehmen, mit den Brombeeren garnieren, mit Puderzucker bestäuben und warm genießen.

MACADAMIANUSSKUCHEN MIT WEISSER SCHOKOLADENCREME UND HEIDELBEEREN

6–8 PORT. | 25 MIN. | 40 MIN.

ZUTATEN:

Für den Kuchen:

- **100 g Sahne**
- **200 g zimmerwarme Butter**
- **200 g Bitterschokolade (mind. 60 % Kakaoanteil)**
- **3 Eigelb**
- **1 Ei**
- **175 g brauner Zucker**
- **1 EL Macadamianusssirup**
- **100 g gesalzene Macadamianusskerne**
- **100 g Mehl**
- **1 TL Backpulver**
- **2 EL Speisestärke**

Für die Schokoladencreme:

- **50 g Sahne**
- **200 g weiße Schokolade**
- **abgeriebene Schale von 1 Bio-Limette**

Außerdem:

- **125 g Heidelbeeren**
- **2 EL gehackte Macadamianüsse**
- **Kakaopulver zum Bestäuben**

ZUBEREITUNG:

1. Den Grill (mit Deckel, etwa 160 °C) für niedrige bis mittlere direkte/indirekte Hitze vorbereiten.

2. Für den Kuchen die Sahne und die Butter in ein Grill-Kochgeschirr geben und bei direkter Hitze mit geschlossenem Deckel erhitzen. Die Schokolade hacken, dazugeben und unter Rühren in der Mischung schmelzen, bis keine Stücke mehr vorhanden sind.

3. Die Eigelbe, das Ei, den Zucker und den Sirup mehrere Minuten dickschaumig aufschlagen. Die Macadamianüsse hacken. Das Mehl, das Backpulver und die Speisestärke in eine Schüssel sieben. Die Schokoladenbutter, die Ei-Zucker-Mischung und die Mehlmischung zu einem zähflüssigen Teig verrühren. Eine rechteckige oder runde Grill-, Back- oder Auflaufform (etwa 24 cm Durchmesser bzw. Seitenlänge) mit Backpapier auslegen und den Teig hineinfüllen. Den Kuchen bei indirekter Hitze mit geschlossenem Deckel 35 bis 40 Minuten grillen.

4. Inzwischen für die Schokoladencreme die Sahne in einem Grill-Kochgeschirr bei direkter Hitze erhitzen. Die Schokolade hacken, dazugeben und unter Rühren in der Sahne schmelzen, bis keine Stücke mehr vorhanden sind. Die Limettenschale unterrühren und die Sauce auf Zimmertemperatur herunterkühlen.

5. Die Heidelbeeren verlesen, waschen und trocken tupfen. Den Kuchen vom Grill nehmen, die Schokoladencreme darübergießen und die Heidelbeeren sowie die Macadamianüsse darauf verteilen. Zum Schluss mit Kakao bestäuben und servieren.

SCHOKOLADEN-FEIGEN-TARTE

8–12 STK. | 20 MIN. | 40 MIN.

ZUTATEN:

- **100 g Bitterschokolade (mind. 60 % Kakaoanteil)**
- **200 g Vollmilchschokolade**
- **100 g Sahne**
- **200 g kalte Butter**
- **5 Eigelb**
- **150 g brauner Zucker**
- **100 g Mehl**
- **2 EL Speisestärke**
- **2 EL Kakaopulver**
- **1 EL Schokoladenlikör (ersatzweise Schokoladensirup)**
- **4 Feigen**
- **Schokoladenraspel zum Garnieren**

ZUBEREITUNG:

1. Den Grill (mit Deckel, 160 bis 180 °C) für niedrige bis mittlere indirekte/direkte Hitze vorbereiten.

2. Die Bitter- und die Vollmilchschokolade hacken und mit der Sahne in ein Grill-Kochgeschirr geben. Am Rand des Grills mit geschlossenem Deckel schmelzen. Vom Grill nehmen, die Butter in Würfel schneiden und nach und nach in die Schokoladensahne rühren.

3. Eine runde Grill-, Back- oder Auflaufform (etwa 24 cm Durchmesser) bis zum Rand mit Backpapier auslegen. Die Eigelbe und den Zucker dickschaumig aufschlagen. Das Mehl, die Speisestärke und den Kakao in eine Schüssel sieben. Die Eigelbmasse, die Schokoladensahne und den Likör verrühren und die Mehlmischung unterheben.

4. Die Masse in die vorbereitete Form füllen. Die Feigen waschen und abtrocknen. Je nach Beschaffenheit halbieren oder vierteln und auf den Teig legen. Die Tarte bei indirekter Hitze mit geschlossenem Deckel 35 bis 40 Minuten grillen.

5. Die Tarte vom Grill nehmen, etwas abkühlen lassen und lauwarm aus der Form nehmen. Zum Servieren mit Schokoladenraspeln bestreuen.

TIPP:

Backpapier ist ja immer etwas widerspenstig. Wenn ihr die Form mit etwas Wasser anfeuchtet, schmiegt es sich perfekt an. Am besten schneidet ihr überstehende Ränder vom Backpapier ab, damit das Papier auf dem Grill nicht verbrennt.

LIMONCELLO-TARTE MIT VANILLEBAISER

6–8 PORT. | 15 MIN. | 45 MIN.

ZUTATEN:

Für die Tarte:

- 100 g Butter
- 6 Eigelb
- 150 g heller Rohrzucker
- abgeriebene Schale von 3 Bio-Zitronen
- Saft von 1 Bio-Zitrone
- 100 ml Limoncello
- 1 Msp. gemahlener Kardamom
- 200 g Doppelrahmfrischkäse
- 300 g Speisequark (40 % Fett)
- 4 EL gesiebte Speisestärke

Für das Baiser:

- 3 Eiweiß
- 50 g Zucker
- 25 g Vanillezucker
- abgeriebene Schale von 1 Bio-Zitrone

ZUBEREITUNG:

1. Den Grill (mit Deckel, 160 bis 180 °C) für niedrige bis mittlere indirekte Hitze vorbereiten.

2. Für die Tarte die Butter in einem Grill-Kochgeschirr am Rand des Grills schmelzen. Den Rand einer runden Grill-Tarteform oder Springform (24 bis 26 cm Durchmesser) damit bestreichen und den Boden der Form mit Backpapier auslegen. Die übrige Butter beiseitestellen.

3. Die Eigelbe, den Zucker, die Zitronenschale und den -saft, den Limoncello und den Kardamom verrühren, bis sich der Zucker aufgelöst hat. Den Frischkäse, den Quark, die Speisestärke und die übrige geschmolzene Butter gründlich unterrühren.

4. Die Masse in die vorbereitete Form füllen und bei indirekter Hitze mit geschlossenem Deckel 35 bis 40 Minuten grillen. Vom Grill nehmen und etwas abkühlen lassen.

5. Für das Baiser die Eiweiße langsam zu steifem Schnee schlagen, dabei nach und nach den Zucker und den Vanillezucker einrieseln lassen. Den Grill (mit Deckel, etwa 250 °C) für hohe indirekte Hitze vorbereiten. Den Eischaum mit einem Löffelrücken auf die Tarte streichen und die Tarte 3 bis 4 Minuten mit geschlossenem Deckel fertig grillen. Die Tarte vom Grill nehmen und mit der Zitronenschale bestreuen.

SOMMERBEEREN-CHEESECAKE

8–12 STK. | 25 MIN. | 35 MIN.

ZUTATEN:

Für den Cheesecake:

- 60 g Butter
- 2 EL Zucker
- 100 g tiefgekühlte gemischte Beeren
- 5–6 Schokoladen- oder Butterkekse
- Öl für die Form
- 6 Eigelb
- 150 g Zucker
- abgeriebene Schale und Saft von 2 Bio-Limetten
- 500 g Magerquark
- 3 EL Speisestärke

Außerdem:

- 200 g gemischte Beeren (z. B. Brombeeren, Johannisbeeren, Himbeeren, Stachelbeeren)
- 4 Stiele Zitronenmelisse

ZUBEREITUNG:

1. Den Grill (mit Deckel, etwa 180 °C) für mittlere direkte/indirekte Hitze vorbereiten.

2. Für den Cheesecake 1 EL Butter in einem Grill-Kochgeschirr bei direkter Hitze offen schmelzen. Den Zucker einrieseln lassen und leicht karamellisieren. Die tiefgekühlten Beeren hinzufügen und die Mischung mit geschlossenem Deckel 4 bis 5 Minuten garen, bis die überschüssige Flüssigkeit verdampft ist. Vom Grill nehmen und etwas abkühlen lassen.

3. Die Kekse zerbröseln. Eine Hebeboden-Backform, rechteckige Grill- oder Auflaufform (etwa 25 × 29 cm) mit Öl einfetten und mit den zerbröselten Keksen ausstreuen.

4. Die restliche Butter in einem Grill-Kochgeschirr am Rand des Grills schmelzen. Die Eigelbe, den Zucker, die Limettenschale und den -saft verrühren, bis sich der Zucker aufgelöst hat. Die gegrillten Beeren, den Quark und die Speisestärke dazugeben und alles zu einer halbfesten Masse verrühren. Zum Schluss die geschmolzene Butter unterrühren.

5. Die Masse in die Form geben und bei indirekter Hitze mit geschlossenem Deckel 30 bis 35 Minuten grillen. Vom Grill nehmen und etwas abkühlen lassen. Die gemischten Beeren verlesen, waschen, trocken tupfen und auf dem Cheesecake verteilen. Die Zitronenmelisse waschen und trocken tupfen, die Blätter abzupfen und auf den Cheesecake streuen.

I-TÜPFELCHEN

PERFEKTE Begleiter

SÜSSES PESTO VERDE

4 PORT. | 5 MIN. | 10 MIN.

ZUTATEN:

- 4 EL Mandelkerne
- 4 EL Haselnusskerne
- ½ Bund Zitronenmelisse
- ½ Bund Minze
- 4 EL Soft-Cranberrys
- Zesten und Saft von 1 Bio-Zitrone
- 2 EL brauner Zucker
- 2 EL Honig
- 100 ml Öl

TIPP: Ich serviere das Pesto gerne zu den Mandelsticks (siehe S. 40) und zu den karamellisierten Strudelteigfächern (siehe S. 39).

ZUBEREITUNG:

1. Den Grill (mit Deckel, etwa 180 °C) für mittlere direkte Hitze vorbereiten.

2. Die Mandeln und Haselnüsse in ein Grill-Kochgeschirr oder eine Auflaufform geben und bei direkter Hitze mit geschlossenem Deckel 4 bis 5 Minuten goldbraun grillen. Dabei das Kochgeschirr gelegentlich schwenken, damit sie nicht anbrennen. Vom Grill nehmen und grob hacken.

3. Die Kräuter waschen und trocken schütteln, die Blätter abzupfen und fein schneiden. Die gehackten Nüsse, die Kräuter, die Cranberrys, die Zitronenzesten und den -saft, den Zucker und den Honig in einem Mörser oder in der Küchenmaschine fein mahlen. Zum Schluss das Öl zuerst tröpfchenweise, dann in einem fließenden Strahl einarbeiten.

ERDBEER-GRANATAPFEL-KETCHUP

4 PORT. | 5 MIN. | 10 MIN.

ZUTATEN:

- 250 g Erdbeeren
- 1 Granatapfel
- 2 EL Ahornsirup
- 1 Msp. geriebene Tonkabohne
- abgeriebene Schale und Saft von 2 Bio-Limetten
- 100 ml Grenadine (Granatapfelsirup)

TIPP: Das fruchtige Ketchup passt wunderbar zu den Süßkartoffel-Pommes (siehe S. 36) und den Kräuter-Pancakes (siehe S. 42).

ZUBEREITUNG:

1. Den Grill (mit Deckel, etwa 200 °C) für mittlere bis hohe direkte Hitze vorbereiten.

2. Erdbeeren waschen, putzen und in Würfel schneiden. Granatapfel halbieren, die Kerne herauslösen und beiseitestellen.

3. Den Ahornsirup in ein Grill-Kochgeschirr geben und bei direkter Hitze offen erhitzen. Die Erdbeeren dazugeben und 5 bis 6 Minuten garen, bis sie leicht zusammengefallen sind. Die geriebene Tonkabohne, die Limettenschale und den -saft sowie die Grenadine dazugeben. Die Mischung auf dem Grill nochmals aufkochen und die Granatapfelkerne einrühren.

SÜSSE BBQ-SAUCE

4 PORT. | 5 MIN. | 10 MIN.

ZUTATEN:

- 50 g brauner Zucker
- abgeriebene Schale und Saft von 1 Bio-Limette
- Mark von ½ Vanilleschote
- Salz
- je 3 EL Erdbeer- und Kirschkonfitüre
- 200 ml Mehrfruchtsaft mit hohem Beerenanteil
- 100 ml Tomatensaft
- 150 g gemischte Waldbeeren

TIPP: Die Sauce ist ein Muss zu den knusprigen Früchtespießen (siehe S. 33) und den Chocolate Corn Dogs (siehe S. 57).

ZUBEREITUNG:

1. Den Grill (mit Deckel, etwa 180 °C) für mittlere direkte Hitze vorbereiten.
2. Den Zucker in einem Grill-Kochgeschirr bei direkter Hitze offen karamellisieren. Die Limettenschale und den -saft, das Vanillemark, 1 Prise Salz und die beiden Konfitüren unterrühren. Den Mehrfrucht- und den Tomatensaft dazugießen und die Mischung mit geschlossenem Deckel auf die Hälfte einkochen.
3. Die Beeren verlesen, waschen, trocken tupfen und dazugeben. Wer möchte, püriert die Sauce mit dem Stabmixer.

GEGRILLTE ZITRUSFRUCHTCREME

4 PORT. | 5 MIN. | 10 MIN.

ZUTATEN:

- ½ Bio-Orange
- ½ Bio-Limette
- ½ Bio-Zitrone
- 2 EL Zucker
- Öl für den Grillrost
- 100 g gebrannte Mandeln
- 3 EL Ahornsirup
- 150 g Mascarpone
- 100 g Naturjoghurt

TIPP: Schmeckt wunderbar zu den Mutzen „to go“ (siehe S. 45) und den Strudelteig-Bonbons (siehe S. 58).

ZUBEREITUNG:

1. Den Grill (mit Deckel, 160 bis 180 °C) für niedrige bis mittlere direkte Hitze vorbereiten.
2. Die Zitrusfrüchte heiß waschen, trocken reiben und in etwa ½ cm dicke Scheiben schneiden. Gleichmäßig auf beiden Seiten mit dem Zucker bestreuen. Den Grillrost mit Öl einfetten und die Scheiben bei direkter Hitze mit geschlossenem Deckel auf beiden Seiten knusprig braun grillen. Vom Grill nehmen, etwas abkühlen lassen und sehr fein hacken.
3. Die gebrannten Mandeln grob zerstoßen. Den Ahornsirup, den Mascarpone und den Joghurt verrühren. Die gehackten Zitrusfrüchte und die gehackten Mandeln unterrühren.

GRANATAPFEL-QUARKCREME

4 PORT. | 5 MIN.

ZUTATEN:

- 150 g Doppelrahmfrischkäse
- 150 g Speisequark
- ½ Granatapfel
- 2 EL Honig
- 2 EL Zucker
- abgeriebene Schale von 1 Bio-Limette
- 1 Msp. gemahlener Koriander

TIPP: Die Creme ist ein Muss zu den süßen Grissini (siehe S. 34) und wunderbar zu den gegrillten Krapfen (siehe S. 61).

ZUBEREITUNG:

1. Den Frischkäse und den Quark gründlich verrühren. Die Kerne vorsichtig aus der Granatapfelhälfte herauslösen. Etwa 1 EL beiseitelegen, die übrigen Kerne unter die Creme rühren.

2. Den Honig, den Zucker, die Limettenschale und den Koriander hinzufügen und alles glatt rühren. Die Creme mit den beiseitegelegten Granatapfelkernen garnieren und bis zur Verwendung zugedeckt kühl stellen.

SÜSSER ERDNUSSDIP

4 PORT. | 5 MIN. | 5 MIN.

ZUTATEN:

- 50 g getrocknete Ananas
- 100 g Crème fraîche
- 2 EL Honig
- abgeriebene Schale und Saft von 1 Bio-Limette
- 150 g stückige Erdnussbutter

TIPP: Den Erdnussdip reiche ich zu den Kokos-Reisbällchen (siehe S. 79).

ZUBEREITUNG:

1. Den Grill (mit Deckel, etwa 180 °C) für mittlere direkte Hitze vorbereiten.

2. Die getrocknete Ananas in feine Würfel schneiden. Die Crème fraîche in einem Grill-Kochgeschirr erhitzen. Die Ananas, den Honig, die Hälfte der Limettenschale und den -saft sowie die Erdnussbutter unterrühren. Die Mischung bei direkter Hitze offen 2 bis 3 Minuten erwärmen. Dip vom Grill nehmen und vor dem Servieren die übrige Limettenschale daraufstreuen.

ROSTFREI

NUGATDIP MIT HASELNUSSKROKANT

4 PORT. | 2 MIN. | 8 MIN.

ZUTATEN:

- 100 g Sahne
- 250 g dunkler Nugat
- abgeriebene Schale und Saft von 1 Bio-Orange
- 1 Msp. Zimtpulver
- 2 EL Haselnusskrokant

TIPP: Der Dip ist eine tolle Ergänzung zu den Blätterteigrippchen (siehe S. 73).

ZUBEREITUNG:

1. Den Grill (mit Deckel, etwa 180 °C) für mittlere direkte Hitze vorbereiten.

2. Die Sahne in ein Grill-Kochgeschirr geben und bei direkter Hitze mit geschlossenem Deckel aufkochen. Den Nugat in kleine Würfel schneiden, dazugeben und in der Sahne schmelzen. Sobald die Mischung homogen ist, das Kochgeschirr vom Grill nehmen.

3. Die Orangenschale, den Saft und den Zimt unterrühren. Zum Schluss den Krokant untermischen und den Dip bis zum Servieren zugedeckt kühl stellen.

NUSSTAPENADE

4 PORT. | 5 MIN. | 5 MIN.

ZUTATEN:

- 300 g gemischte Nusskerne (z. B. Walnuss-, Haselnuss-, Erdnuss-, Paranuss- und Macadamianusskerne)
- 1–2 EL Öl
- 5 EL Honig
- Zesten und Saft von 1 Bio-Limette
- Zesten und Saft von 1 Bio-Zitrone
- grobes Salz
- 4 Stiele Zitronenmelisse

TIPP: Die Nusstapenade serviere ich gerne zu den Grießschnitten (siehe S. 65) und zu den Cornettos (siehe S. 71).

ZUBEREITUNG:

1. Den Grill (mit Deckel, 180 bis 200 °C) für mittlere bis hohe direkte Hitze vorbereiten.

2. Alle Nüsse im Mörser oder in der Küchenmaschine grob zerkleinern. Mit dem Öl in ein Grill-Kochgeschirr geben und bei direkter Hitze mit geschlossenem Deckel 4 bis 5 Minuten rösten. Dabei das Kochgeschirr gelegentlich schwenken. Die Nüsse dürfen nicht zu dunkel werden, sonst schmecken sie bitter. Nach Belieben auf Küchenpapier abtropfen lassen.

3. Den Honig, die Zitruszesten und den -saft sowie ¼ TL Salz einrühren. Zitronenmelisse waschen und trocken tupfen, Blätter abzupfen, fein hacken und unter die Nusstapenade rühren.

MARSHMALLOWCREME

4 PORT. | 5 MIN. | 15 MIN.

ZUTATEN:

- 300 g Sahne
- Mark von 1 Vanilleschote
- 1 Msp. gemahlener Kardamom
- 50 g Zucker
- abgeriebene Schale von 1 Bio-Zitrone
- 1 Handvoll Marshmallows
- 50 g Crème fraîche
- 2 EL Speisestärke zum Binden

TIPP: Ich liebe die Marshmallowcreme zu den Nugat-Cookies (siehe S. 68).

ZUBEREITUNG:

1. Den Grill (mit Deckel, etwa 180 °C) für mittlere direkte Hitze vorbereiten.
2. Die Sahne in ein Grill-Kochgeschirr geben und bei direkter Hitze mit geschlossenem Deckel aufkochen. Das Vanillemark, den Kardamom, den Zucker und die Zitronenschale dazugeben und die Sahne mit geschlossenem Deckel auf etwa ein Drittel einkochen.
3. Die Marshmallows in kleine Stücke schneiden und einrühren. Zum Schluss die Crème fraîche untermischen. Die Speisestärke mit wenig kaltem Wasser glatt rühren und die Sauce damit binden. Vom Grill nehmen und servieren.

WHISKEY-KARAMELLSAUCE

4 PORT. | 5 MIN. | 10 MIN.

ZUTATEN:

- 150 ml Whiskey
- 4 EL Ahornsirup
- 3 EL brauner Zucker
- 250 g Sahne
- 100 g Vollmilchschokolade
- abgeriebene Schale und Saft von 1 Bio-Limette
- Chili aus der Mühle

TIPP: Die Whiskey-Karamellsauce gibt's bei mir zu den Mini-Burgern (siehe S. 23) und den Süßkartoffel-Pommes (siehe S. 36).

ZUBEREITUNG:

1. Den Grill (mit Deckel, etwa 180 °C) für mittlere direkte Hitze vorbereiten.
2. Den Whiskey, den Ahornsirup und den Zucker in ein Grill-Kochgeschirr geben und bei direkter Hitze mit geschlossenem Deckel aufkochen. Die Sahne dazugeben und die Sauce auf die Hälfte einkochen. Die Schokolade fein hacken.
3. Die Sauce vom Grill nehmen und die Schokolade unter Rühren darin schmelzen. Die Limettenschale und den -saft unterrühren und die Sauce mit Chili aus der Mühle abschmecken.

A

Ananas, Baby-, im Schlafrock, mit flüssigem Nugat 83
Ananas, gegrillte, mit Dulce-de-leche-Karamell 19
Apfelkuchen, gedeckter 90

B

Baby-**Ananas** im Schlafrock mit flüssigem Nugat 83
Baumkuchen vom Drehspieß 76
BBQ-Sauce, süße 110
Blätterteigrippchen mit Fenchel und Honig 73
Bonbons, **Strudelteig-**, mit flüssiger Marshmallowcreme 58
Brombeer-Pies 94
Brownie-Pops, gegrillte 20

C

Cheesecake, Sommerbeeren- 104
Chocolate **Corn Dogs** 57
Cornettos mit Kakao-Frischkäse-Creme 71
Crème brulée mit Grapefruitsalat 50
Crumble, Erdbeer-, mit Marshmallows 24

E

Erdbeer-Crumble mit Marshmallows 24
Erdbeer-Granatapfel-Ketchup 109
Erdbeerröster 15
Erdnussdip, süßer 112

F

Fruchtige **Mini-Burger** mit Schokobuns 23
Früchtespieße, knusprige 33

G

Gedeckter **Apfelkuchen** 90
Gegrillte **Ananas** mit Dulce-de-leche-Karamell 19
Gegrillte **Brownie-Pops** 20
Gegrillte **Krapfen** „Pink Sweets Style“ mit Himbeer-Joghurt-Sauce 61
Gegrillte **Nugat-Cookies** mit Cranberrys 68
Gegrillte **Zitrusfruchtcreme** 110
Germknödel vom Grill mit Pflaumenkompott 10
Granatapfelfondue mit gegrillten Marshmallows 84
Granatapfel-Quarkcreme 112
Grießschnitten mit heißer Himbeer-Liebe 65
Grissini, süße, mit Granatapfel-Quarkcreme 34

H

Himbeer-Joghurt-Sauce 61
Himbeer-Liebe, heiße 65
Himbeertascherl 62

K

Karamellisierte **Strudelteigfächer** 39
Karamellsauce, Whiskey- 116
Ketchup, **Erdbeer-Granatapfel-** 109
Knusprige **Früchtespieße** 33
Kokosauflauf mit exotischen Früchten 47
Kokos-Reisbällchen mit Gojibeeren 79
Kokos-Whoopies mit Schwarzer Johannisbeercreme 80
Kräuter-Pancakes mit gegrillter Mango 42
Krapfen, gegrillte, „Pink Sweets Style“, mit Himbeer-Joghurt-Sauce 61
Kuchen, **Macadamianuss-**, mit weißer Schokoladencreme und Heidelbeeren 99

L

Limoncello-Tarte mit Vanillebaiser 103

M

Macadamianusskuchen mit weißer Schokoladencreme und Heidelbeeren 99
Mandel-Sticks mit karamellisierten Pfirsichen 40
Mango-Kokos-**Eisbombe** vom Grill 28

Manus **Vanilleschmarren** mit Erdbeerröster 15
Marshmallowcreme 116
Mini-**Burger**, fruchtige, mit Schokobuns 23
Muffins, **Rote-Grütze-**, mit flüssigem Kern 13
Mutzen „to go“ 45

N

Nugat-Cookies, gegrillte, mit Cranberrys 68
Nugatdip mit Haselnusskrokant 115
Nusstapenade 115

P

Paella, süße 89
Pancakes, Kräuter-, mit gegrillter Mango 42
Panna cotta von gegrillter weißer Schokolade 54
Pesto verde, süßes 109
Pfirsichkuchen „American Style“ 93
Pflaumenkompott 10
Pies, **Brombeer-** 94
Pommes, **Süßkartoffel-**, mit Gewürzzucker 36

Q

Quarkcreme, Granatapfel- 112

R

Reisbällchen, **Kokos-**, mit Gojibeeren 79
Rote-Grütze-Muffins mit flüssigem Kern 13

S

Schokoladen-Feigen-**Tarte** 100
Sommerbeeren-**Cheesecake** 104
Strudelteig-Bonbons mit flüssiger Marshmallowcreme 58
Strudelteigfächer, karamellisierte 39
Süße **BBQ-Sauce** 110
Süße **Grissini** mit Granatapfel-Quarkcreme 34
Süße **Paella** 89
Süßer **Erdnussdip** 112
Süßes **Pesto verde** 109
Süßholz-Kirschen mit weißem Schokoladen-Crumble 27
Süßkartoffel-Pommes mit Gewürzzucker 36

T

Tarte, **Limoncello-**, mit Vanillebaiser 103

W

Whiskey-**Karamellsauce** 116
Whoopies, **Kokos-**, mit Schwarzer Johannisbeercreme 80

Z

Zitrusfruchtcreme, gegrillte 110
Zuppa inglese de Silva 53

SYMBOLGUIDE

- Zubereitungszeit
- Ruhezeit
- Kühlzeit
- Gefrierzeit
- Grillzeit

EINFACH LECKER

MANUEL WEYER

Foodartist, Rezeptentwickler, Foodstylist und Kochbuchautor: Manuel Weyer ist ein Tausendsassa mit einem besonderen Faible fürs Thema „Grillen". Nach seinem Allround-Grillbuch „365 Tage Grillen" konzentriert er sich jetzt auf süßes Grillen. Erfahrungen hat er in diversen Stationen in Spitzenrestaurants im In- und Ausland gesammelt. Seit 2015 ist der 34-Jährige selbstständig mit manuel weyer culinary art, unterteilt in „cook art", „grill art" und „food art" (www.manuelweyer-culinaryart.de).

Kaiserstraße 14 b
D-80801 München

ISBN 978-3-89883-634-0
1. Auflage 2017

Projektleitung: Eva-Maria Hege

Rezepte & Texte: Manuel Weyer

Lektorat: Katharina Lisson

Grafische Gestaltung: Irene Schulz

Fotografie: Mathias Neubauer

Foodstyling: Manuel Weyer

Herstellung: Frank Jansen

Producing: Jan Russok

Druck & Bindung: optimal media GmbH, Röbel

Die ZS Verlag GmbH ist ein Unternehmen der Edel AG, Hamburg.
www.zsverlag.de | www.facebook.com/zsverlag